アドリブがうまくなる *50* の方法
アルト・サックス

Dennis Taylor 著・演奏

JN122203

Amazing Phrasing
ALTO SAXOPHONE
50 Ways to Improve Your Imprvisational Skills

ATN, inc.

感謝のことば

本書は、これまでに私が影響を受けたすべての先生方と、
何年も一緒に演奏してきたすばらしいミュージシャンたちすべてに捧げます。

常に私を支えてくれた両親の *Lois* と *Ad Taylor*、
そして何事もやればできないことはないと教えてくれた妻の *Karen* には特に感謝します。

著者について

サックス奏者（テナー、アルト、ソプラノ、バリトン）の *Dennis Taylor* は 25 年以上の演奏キャリアをもち、1999 年と 2000 年の 2 度、Nashville Music Awards にノミネートされたアーティストです。

さまざまなミュージシャンとの共演経験があり、グラミー賞にノミネートされた作品にもこれまでに 4 枚参加しています。

主な共演アーティスト

Clarence "Gatemouth" Brown	*Sam Moore (Sam & Dave)*
Buckwheat Zydeco	*The Excello Legends*
Duke Robillard	*(Earl Gaines & Roscoe Shelton)*
Shelby Lynne	*Dan Penn*
Eddy "The Chief" Clearwater	*Jay McShann*
Robert Jr. Lockwood	*John Hammond*
Mighty Sam McClain	

ヴァーモント州のノースイースト・キングダム生まれ、9 歳でサックスを始める。高校卒業後は、バークリー音楽大学に進学。

音楽教授助手の資格を取得して大学を卒業した後は、地元ヴァーモントのジョンソン・ステート・カレッジにてサックスの個人レッスンとインプロヴィゼイション・ワークショップの指導にあたる。さらにヴァーモントでジャズや R&B のローカル・ミュージシャンたちと定期的に演奏を行う。

1980 年、ニューオーリンズに移る。ディキシーランドからサルサ、ニューオーリンズ R&B、さらに *Mighty Sam McClain* のようなディープ・ソウルまで、さまざまなスタイルの演奏をする。

1983 年にグラミー賞に輝いたこともあるマルチ・プレイヤーの *Clarence "Gatemouth" Brown* と共演。ブルース・シャッフルからベイシー・スタイル、フィドルが炸裂するカントリー、カリプソ、ポップ・スタンダードなど、あらゆるスタイルの音楽を演奏。*"Gatemouth" Brown* との 2 年間のツアーやレコーディングを行った後、1985 年にボストンに移る。

1987 年 10 月、Island Records に所属していた *Buckwheat Zydeco* と共演し、ツアーやレコーディングを行う。*Eric Clapton*、*U2*、*Los Lobos* などとともに 8 週間にわたり、アメリカ各地、イギリス、オーストラリアや日本ツアーも行う。

1989 年 12 月にナッシュビルに移り、1990 年代中頃には *Shelby Lynne*、*Kenny Rogers*、*Sam Moore*、*The Excello Legends* などとツアーを行う。

1997 年 10 月、1999 年 11 月は *Duke Robillard* のツアーに同行。この時、*Robillard* のバンドは W. C. Handy Award の Blues Band of the Year 部門にノミネートされている。

Eddy "The Chief" Clearwater と *"Gatemouth" Brown* のツアー後は、ナッシュビルでのセッション・ワークと指導者としての仕事を継続している。

本書のほかに、以下の本が刊行されています（ATN より日本語版が出版）。

サクソフォン・マスターたちのスタイルの考察　**ジャズ・サクソフォン**
サクソフォン・マスターたちのスタイルの考察　**ブルース・サクソフォン**
アドリブがうまくなる **50** の方法　**テナー・サックス**
アドリブがうまくなる **50** の方法　**トランペット**

もくじ

メロディ

CD 収録メンバー

Dennis Taylor：アルト & テナー・サクソフォン

Darryl Dybka：ピアノ

John Vogt：ベース

Chris Brown：ドラムス

テネシー州ナッシュビル Three Little Pigs Studio にて収録
エンジニア：*Joe Funderburk*

はじめに

音楽的なコミュニケーションを成立させるためには、よいフレーズが必要です。本書はフレージングの基となるテクニックを学ぶことで、アンサンブルの中で**音楽をクリエイトできる**ようになることを目的としています。

本書はハーモニー、リズム、メロディの各セクションから構成されています。これらの音楽的に重要な要素を学習することは、新しい言語を学ぶようなものです。語学の場合は、まず単語のスペルや発音を学んでいきます。次に、新しい単語の意味や使い方をふまえて、シンプルな文章を作ります。そうすれば、新しい言語でものを考えたりコミュニケーションをとったりすることができるようになるでしょう。本書では、このプロセスを音楽に当てはめて学習を進めます。

よいフレージングの鍵は、演奏するところと音を出さないところを意識することです。プレイヤー自身が音楽をプロデュースすることが重要なのです。*Miles Davis* と *John Coltrane* の有名な話があります。モード・ジャズの代表的なアルバム『Kind of Blue』を演奏していた 1950 年代の終わり頃、曲には終わりに向かうケーデンス（コード進行）がなかったために、*Coltrane* はいつもソロをどのように終わらせるか苦慮していました。*Miles* が *Coltrane* にソロをもっと短くするように要求すると、*Coltrane* は「どのように終わらせたらいいのかわからない」といいました。それに対して *Miles* は「ホーンを口から離すだけだよ」と答えたのです。

すべての偉大なミュージシャンに共通するもっとも重要な要素は、サウンド（カラフルな音のパレット）と、リズムに対する感覚（ビートの前や後ろなどで自在にプレイできる能力）です。この両方が臨機応変であることによって、サウンドは表情豊かになり、よいフレージングへと繋がります。そして、自分自身の能力を発展させ、オリジナル・スタイルを創ることができるでしょう。

本書の使い方

私は長い間、機械的なパターンを練習することに消極的でした。それによって演奏が、画一的になってしまうと感じていたからです。しかし実際にパターン練習を始めてみると、耳が飛躍的によくなり、クリエイティブで表現力のある演奏ができるようになって、非常に効果的であることに気づきました。本書に掲載されているテクニックを向上させるためのパターンを、できるだけ毎日の練習に採り入れましょう。特定のコード上で演奏するエクササイズは、付属 CD の演奏と一緒に練習できるようになっています。付属 CD は、右チャンネルにはサックスと伴奏、左のチャンネルには伴奏のみが収録されています。右チャンネルのバランスを絞るとサックスの音が消え、マイナス・ワンになります。また、一部のトラックは左右両チャンネルに、サックスまたは伴奏のみが収録されています。

パターンを練習するときには、譜面に書き出さずに演奏することで、耳が飛躍的によくなります。パターンが長すぎて覚えられない場合は、短い部分ごとに区切って練習します。次に、各パターンを別のキーに移調して、声に出して歌えるように練習していきます。つまり、各音にとらわれるのではなく、パターンを 1 つのものとしてとらえてコードとの関係を考えます。もし新たなパターンがひらめいた場合は、声に出して歌っているときでも、他のパターンを演奏しているときでも、すぐに試してみましょう。オリジナルのパターンに戻ることは簡単ですが、音楽的な場面や状況に即応するために、臨機応変であることが大切です。耳と指の動きを連携させたソロをインプロヴァイズ（アドリブ）することにより、さらに自信は深まり、頭の中に聞こえてくるものすべてを演奏できるようになるでしょう。

CD に伴奏が収録されているエチュードでは、楽譜のソロ・フレーズは参考にすぎません。エチュードに慣れたら、本書で学んだテクニックを利用して、自身のオリジナル・ソロを書いてみましょう。その後サックスで、CD の左チャンネルに収録された伴奏に合わせて練習してみましょう。最終的には、譜面に書かずにインプロヴィゼイション・ソロを創ることが目標です。

本書を楽しんでください。

Dennis Taylor
（デニス・テイラー）

アイディア 1　モード

クラシック音楽におけるモードの使用は、ラヴェルやドビュッシーといった20世紀の作曲家たちの作品に見られます。サウンドのパレットに加える新しいカラーを探して、基本的な西洋のスケールを並べ替えてあるモードを試し始めたのです。いくつかのモード（アイオニアンやエオリアンなど）は、ギリシャの都市や地方の呼び名に由来した名称です。また、ドリアンやフリジアンなどは、他の国々の民俗音楽に由来した名称です。

ジャズにおいては、**クール・ジャズ**と呼ばれるスタイル（*Miles Davis* のアルバム『クールの誕生』以降に現れるスタイル）における重要な要素として使用されました。その後、ビバップのコード・プログレッション（コード進行）がどんどん複雑になっていくことに飽きてきたミュージシャンは、新たなサウンドを模索しました。1つのコードを何小節も続けるくらいシンプルなコード進行にして、新しいサウンドのスケールやモードをメロディやインプロヴィゼイションの基にしたのです。*Miles Davis* はこの新しいスタイルを確立したひとりであり、1959年の名盤『Kind of Blue』は**モード・ジャズ**の代表作です。モードの新しい使い方は、ポピュラー音楽においても見られるようになり、*The Beatles* の *Norwegian Wood*（ノルウェーの森）という曲では、冒頭に**ミクソリディアン・モード**が使われています。

最初の例は、**アイオニアン・モード**（メジャー・スケール）です。3rd と 4th の間、7th とルートの間の半音程に注目しましょう。

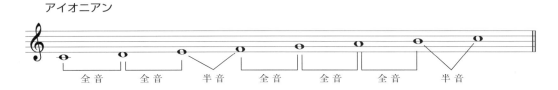

ドリアン・モードはメジャー・スケール上の 2nd* ディグリーから始まる音列です。たとえば、C メジャー・スケールを 2nd（D音）からスタートして1オクターヴの音列（D-E-F-G-A-B-C-D）を創ると、D ドリアン・モードとなります。また、メジャー・スケールの 3rd と 7th をフラットさせてもドリアン・モードになります（D メジャー・スケールの 3rd である F♯音と、7th である C♯音をそれぞれフラットさせると、D ドリアン・モードになる）。このモードはマイナー・コードの上でごく普通に使われ、2nd，4th，6th の音が特徴的で豊かな響きをもちます。代表的な曲に、*So What*（*Miles Davis*）、*Impressions*（*John Coltrane*）、*Little Sunflower*（*Freddie Hubbard*）などがあげられます。

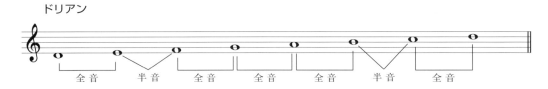

フリジアン・モードはメジャー・スケールの 3rd ディグリーから始まる音列です。C メジャー・スケールを 3rd（E音）からスタートして1オクターヴの音列（E-F-G-A-B-C-D-E）を創ると、E フリジアン・モードになります。スパニッシュなサウンドに注目しましょう。フリジアン・モードの使用は、フリジアン・モードでできている音楽や、特定のコード上に限定されます。代表的な曲に、*Flamenco Sketches*（*Miles Davis, Bill Evans*）、*Olé*（*John Coltrane*）、*Masqualero*（*Wayne Shorter*）などがあります。

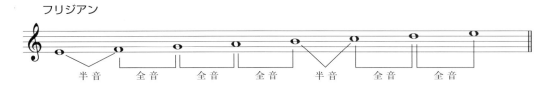

---

* degree：度の意。①ダイアトニック・スケールの各段階。主音（トニック）を1度とし、上に向かって2度（2nd）、3度（3rd）と数える
　　　　　②インターヴァル（音程）を測る単位

リディアン・モードはメジャー・サウンドで、メジャー・スケールの 4th ディグリーから始まる音列です。C メジャー・スケールを 4th（F 音）からスタートして 1 オクターヴの音列を創ると、F リディアンになります。また、リディアン・モードはメジャー・スケールの 4th がシャープしたものと同じです（F メジャー・スケールの 4th の B♭ 音をシャープさせると F リディアン・モードになる）。このモードは通常メジャー・コード、メジャー 7th$^{(\sharp 11)}$ コード、メジャー 7th$^{(\flat 5)}$ コードに対して使用します。代表的な曲に、*In Case You Haven't Heard*（*Woody Shaw*）、*Black Narcissu*（*Joe Henderson*）、*Nefertiti*（*Wayne Shorter*）などがあります。

リディアン

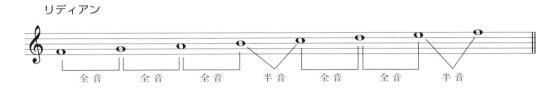

ミクソリディアン

ミクソリディアン・モードはメジャー・スケールの 5th ディグリーから始まる音列です。C メジャー・スケールを 5th（G 音）からスタートして 1 オクターヴの音列を創ると、G ミクソリディアン・モードになります。また、メジャー・スケールの 7th を半音フラットさせてもミクソリディアンになります（G メジャー・スケールの 7th の F♯ 音をフラットさせると G ミクソリディアン・モードになる）。このモードは、通常ドミナント 7th コードに対して使われます。代表的な曲に、*Maiden Voyage, Watermelon Man*（*Herbie Hancock*）、*Well You Needn't*（*Thelonious Monk*）、*Killer Joe*（*Benny Golson*）などがあります。

ミクソリディアン

エオリアン・モードはメジャー・スケールの 6th ディグリーから始まる音列です。C メジャー・スケールを 6th（A 音）からスタートして 1 オクターヴの音列を創ると、A エオリアン・モードになります。このモードは**ナチュラル・マイナー・スケール**とも呼ばれ、マイナー・キーのトニックとしてのマイナー・コード上で使います。代表的な曲に、*My Favorite Things*（*Richard Rodgers*）、*Autumn Leaves*（*Johnny Mercer*）などがあります。

エオリアン

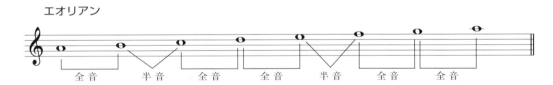

ロクリアン・モードはメジャー・スケールの 7th ディグリーから始まる音列です。C メジャー・スケールを 7th（B 音）からスタートして 1 オクターヴの音列を創ると、B ロクリアン・モードになります。その独特なサウンドは、マイナー 3rd、マイナー 7th、マイナー 6th、ディミニッシュ 5th という構成音を含むことによるものです。通常このモードは、マイナー・キーの ii コードであるマイナー 7th$^{(\flat 5)}$ コード（ハーフ・ディミニッシュともいう）に対して使用します。代表的な曲に、*Airegin*（*Sonny Rollins*）、*Night In Tunisia*（*Dizzy Gillespie*）、*What Is This Thing Called Love*、*Night And Day*（*Cole Porter*）などがあります。

ロクリアン

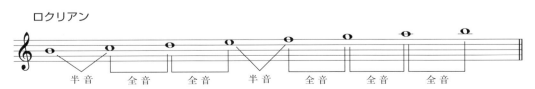

アイディア2　メジャー・スケール・パターン

以下のメジャー・スケール・パターンは、テクニック向上とイヤー・トレーニングを目的としています。また、インプロヴィゼイションにおいて重要な、ハーモニーとフレージングを結合させる能力を向上するエクササイズでもあります。毎日の練習にウォーミング・アップとして採り入れましょう。練習時間や演奏レベルに応じてパターンを組み合わせたり、12のキーで練習してみましょう。毎日練習しているうちに、トーン（音色）、アタック、リリース、フレージングに必要な繊細な表現ができます。音楽的な適応力を発展させるためには、耳を使ってこれらのエクササイズを12キーに移調（トランスポーズ）しましょう。

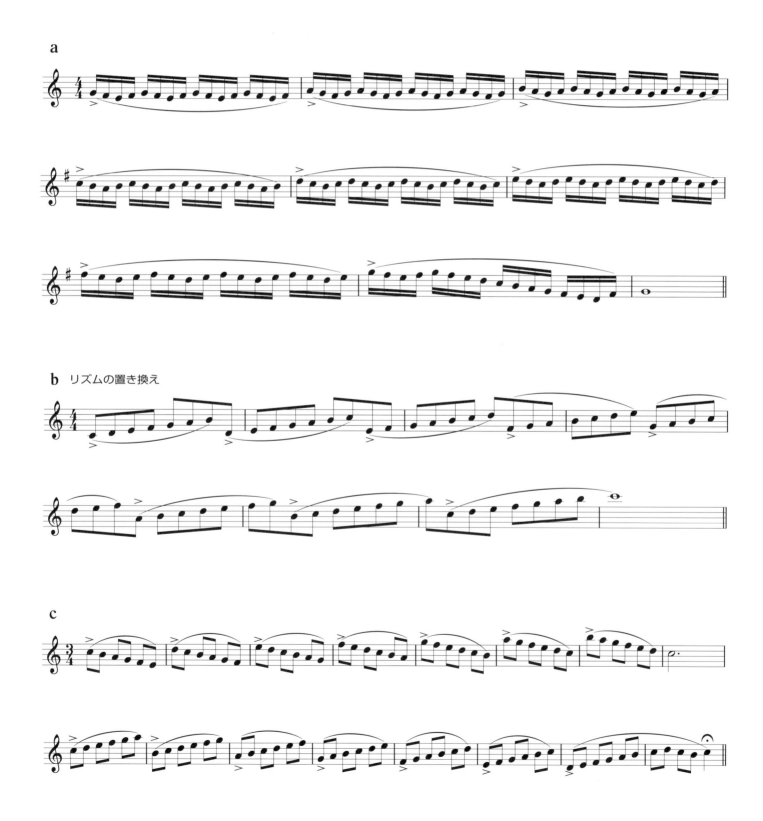

^{アイディア}**3** # メジャー・コード・パターン

以下のパターンは、メジャー・トライアド、オーグメント・トライアド、メジャー7th コードに基づいており、テクニックとフレージング、聴覚を向上させることを目的としています。これらのパターンを、楽譜に書き出さずに、耳を使って 12 キーで演奏できるようにすることが重要です。毎日の練習に採り入れ、さまざまなテンポとアーティキュレーションで練習しましょう。

a　クロマティック

b　全音

c　マイナー 3rd

d　オーグメント

e　メジャー 7th

f

g

h

i

アイディア 4   マイナー・コード・パターン

以下は、マイナー・トライアド、マイナー7thコード、マイナー・メジャー7thコードに基き、**アイディア3**で学んだパターンのマイナーキー・バージョンです。パターンです。このエクササイズも耳だけを使って12キーで演奏できるように、毎日の練習に採り入れましょう。

a   クロマティック

b   全音

c   マイナー7th

d   マイナー・メジャー7th

e   クロマティックに下行

f   マイナー・メジャー7th

g マイナー 9th アルペジオ

h マイナー 9th アルペジオ

i

j

k

アイディア5　ダイアトニック 7th コード

このエクササイズでは、メジャー・スケールとそのスケール・ノート上に組み立てられる上の**ダイアトニック 7th コー
ド**を取り上げます。まず G キーから始めて、次に F キーへ移ります。ここでは 2 つのメジャー・スケールを基にし
た 2 つのキーしか示していませんが、すべてのキーで練習しましょう。各スケール・ディグリー上のコード・タイプ
は、すべてのキーに共通して、I メジャー 7th、II マイナー 7th、III マイナー 7th、IV メジャー 7th、V ドミナント
7th、VI マイナー 7th、VII マイナー 7th(♭5) となります。各エクササイズを 12 キーで練習する場合、必要に応じて
オクターヴを調整しましょう。

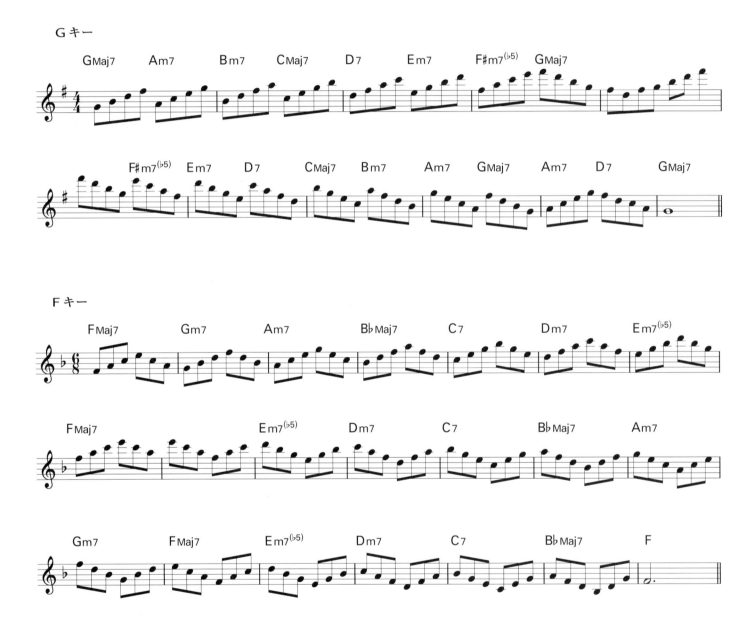

アイディア6 アルペジオ

このエクササイズは、5つの基本的なコード・タイプ（メジャー、ドミナント、マイナー、マイナー7th(♭5)、ディミニッシュ）を習得するためのものです。メジャー7thコードのアルペジオから始まり、コード・トーンを少しずつ変えながら、最終的に5つのコード・タイプを創ります。アルペジオを楽器で練習してから声に出して歌うことにより、耳を鍛えることができます。また、同じコードでもコード・シンボルには複数の表記方法があります。以下の表記をすべて覚えましょう。

メジャー7th	Maj7	△	MA
ドミナント7th	7	dom7	
マイナー7th	m7	−7	mi7
マイナー7th(♭5)	m7(♭5)	ø	
ディミニッシュ7th	dim7	○	dim

エクササイズ **a** は1オクターヴ以内、**b** は2オクターヴ（楽器の*レンジに適応できる場合）にわたるアルペジオです。次ページの **c** は第1転回形（コードの3rdから始まる）、**d** は第2転回形（コードの5thから始まる）、**e** は第3転回形（コードの7thから始まる）です。

a

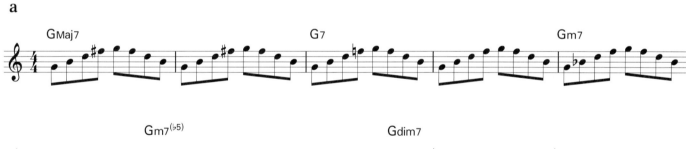

b 2オクターヴ（音域が可能なら）

* range：音域の意。音域と訳される言葉にはレンジ（range）とレジスター（register）の2つがあるが、レンジは特定の楽器（または声）が出し得る音の「限界」を意味し、レジスターは音の「領域」を意味する。ただし、これらは混同されている場合も多い。本書では、rangeはレンジ、registerは音域という表記を使用している

c　第1転回形

d　第2転回形

e　第3転回形

ドリアン・モード

アイディア**7**

アイディア 1 モード（p.8）では 7 種類のモードがどのような構成音なのかを学び、演奏しました。このエクササイズでは 32 小節のコード進行上でドリアン・モードを演奏してみましょう。CD Track 1 にはピアノ、ベース、ドラムスによる伴奏（リズム・セクションの演奏）が収録されています。

最初に、各コードに合ったドリアン・モードを確認しましょう。以下は、A ドリアン・モードです。

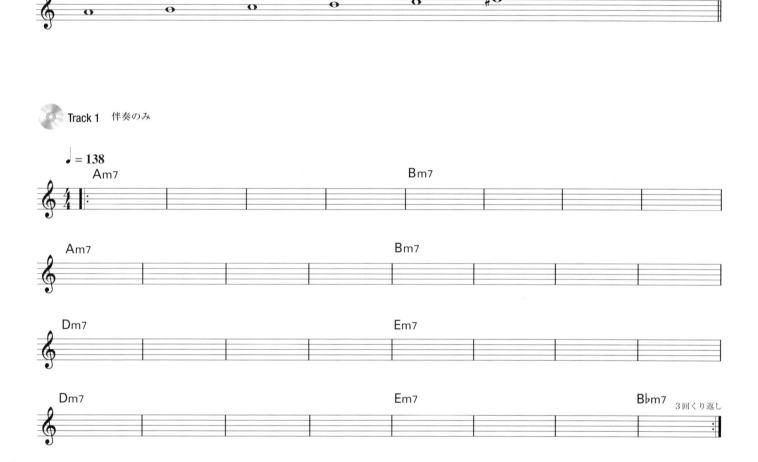

上のエクササイズをマスターしたら、次はドリアン・モードを用いたソロを演奏しましょう。ラインに推進力を与えるために、フレーズをアップビート（弱拍）から始めます。以下の例のように、コードが変わるところで 1 拍か半拍アンティシペート（先行）してみましょう。それによって次のコードへと導かれる感じが強まり、フレーズの方向性がはっきりします。

アイディア8　ミクソリディアン・モード

　アイディア1 モード (p.8) で学んだように、ミクソリディアンはメジャー・スケールの 5th ディグリーから始まるモード(またはメジャー・スケールの 7th の音をフラットさせた音列)です。以下は G ミクソリディアン・モードです。

Gミクソリディアン

　このモードは代理機能としてではない、通常のドミナント 7th コードに対して使います。CD Track 2 に収録されている、*サイクル・オブ 5th で下行するドミナント 7th のコード・プログレッションの伴奏 (リズム・セクション) に合わせて練習しましょう。

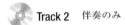 **Track 2**　伴奏のみ

* cycle of 5th(circle of 5th): サークル・オブ 5th、5 度圏ともいう。完全 5 度のインターヴァルの動きを同じ方向 (下行のみ、あるいは上行のみ) でくり返し、12 音 (または 12 キー) すべてを網羅し、元の音 (キー) に戻る一連のサイクルのこと。音楽では、例えば、ハーモニーが 5 度下行する動きを解決するのみ利用することが多いため、ジャズの練習においても、コード/スケールなどのルートを 5 度下行するサイクルで練習することが効果的とされる。また、完全 5 度上行と完全 4 度下行は同音であるため、サイクル・オブ 4th という場合もある。

最終的には、以下のパターンを CD に合わせて演奏できるようにしましょう。また、各パターンを楽譜に書き出さ
ずに移調します。度数を数えるだけで移調するのは難しく感じるかもしれませんが、耳を使ってラインを歌う練習
を続けるうちに、12 キーで演奏できるようになります。

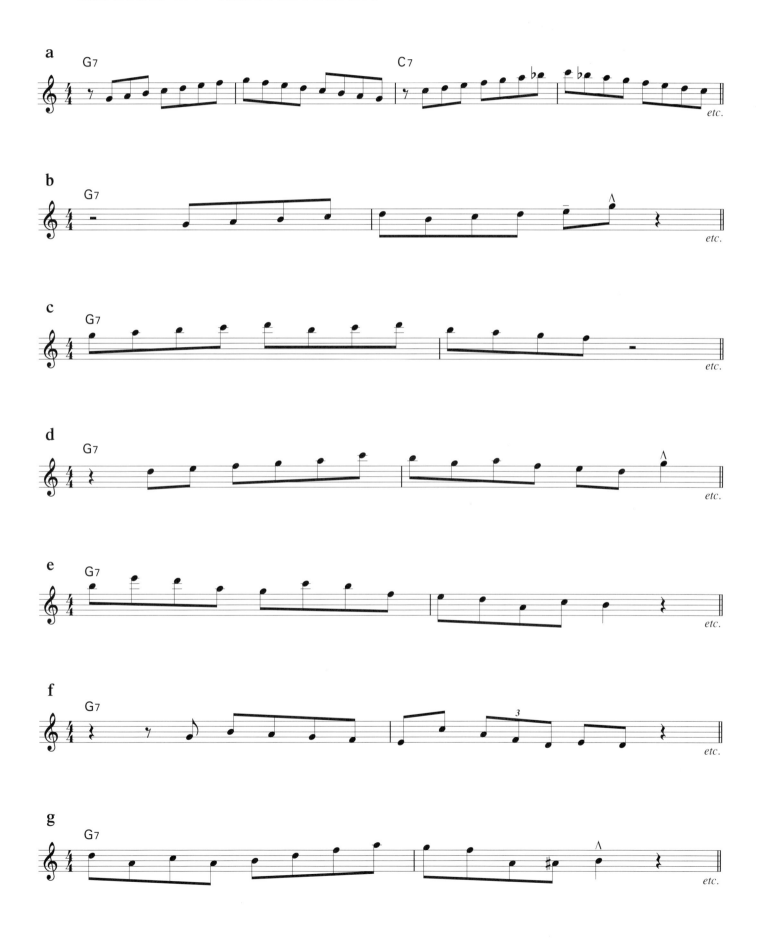

アイディア 9　II-V-I プログレッション

II-V-I（または IIm7 - V7 - IMaj7）**プログレッション**は、多くの曲で頻繁に使われます。このコード・プログレッション（コード進行）を理解することで、聴覚的にもテクニック的にも多くのスタンダード・ナンバーを演奏できるようになります。また、これらのパターンを覚えることは、曲のハーモニーをアナライズするためにも役立ちます。II-V-I は、その部分のキーおよびキー・エリアを表します。メロディ／フレーズと表裏一体であるこれらのコード・プログレッションを 1 つの集合体（もしくはパターン）ととらえることによって、一見すると複雑なコード・プログレッションも簡単に理解できるでしょう。コードからコードへとただ追いかけるような考え方ではなく、プログレッション全体を大局的にとらえることによって、フレージングはよりスムーズなものになります。

以下のパターンは、ドリアン、ミクソリディアン、アイオニアンを用いています。このエクササイズは、コード・プログレッションのサウンドが聞こえてくるだけではなく、12 キーで演奏できるように創られています。これ以降のエクササイズでは、ドミナント 7th コードに代理コードを使うパターンも出てきます。

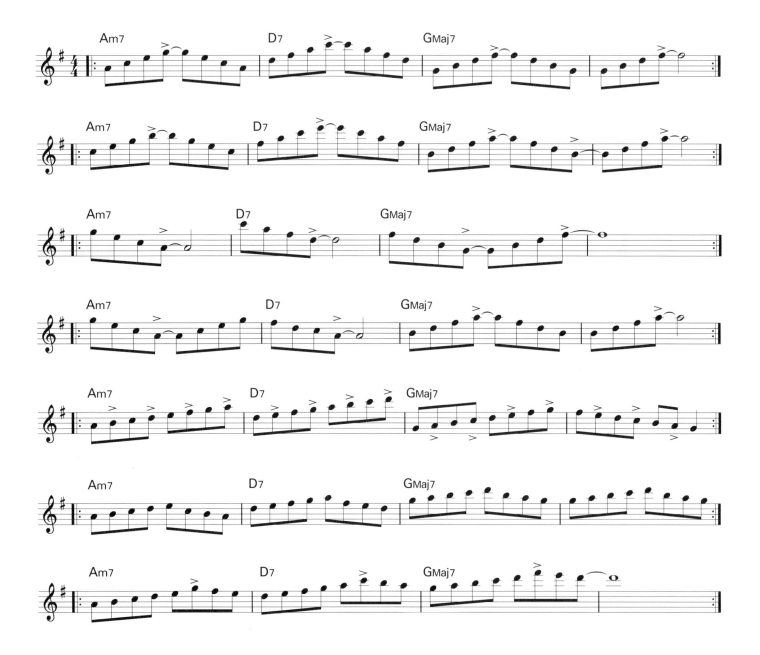

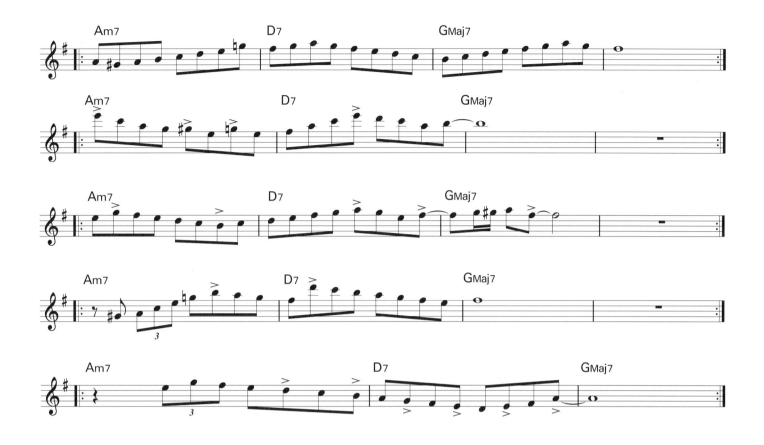

上記のパターンを、CD Track 3 に収録された伴奏と一緒に、以下のコード・プログレッションで練習しましょう。

Track 3　　伴奏のみ

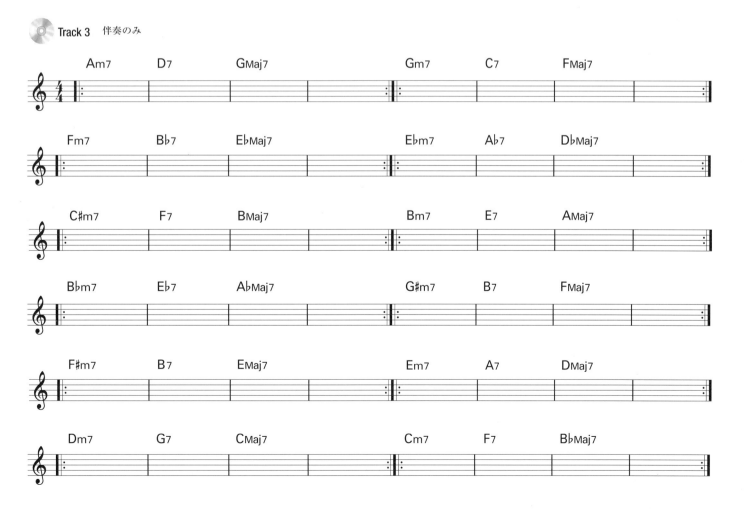

アイディア 10　マイナー II-V-I プログレッション

マイナー・キーにおける II - V - I プログレッションを見てみましょう。IIm7$^{(♭5)}$ コードに対してはロクリアン・モードを使っていますが、下の譜例の **i** だけは、**スーパー・ロクリアン・スケール**（ロクリアン・モードの ♭2nd を半音上げたもの）を使っています。ドミナント 7th コードでは、♯9 や ♭9 などのエクステンションを使っています。I マイナー・コードに対しては、メロディック・マイナー・スケール、ドリアン・モード、マイナー・ペンタトニック・スケールなどを使っています。

前ページの **a** ～ **i** の各パターンを、以下の 12 キーのマイナー II - V - I に当てはめて、CD Track 4 の伴奏と一緒に練習しましょう。

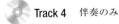
Track 4　伴奏のみ

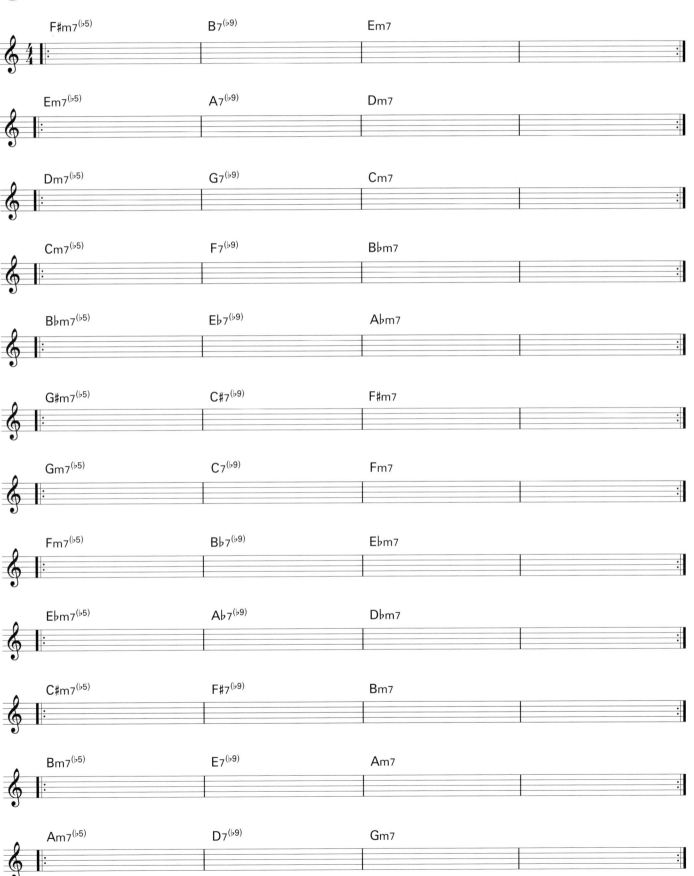

アイディア **11**　IIm7 - V7 エチュード

以下の 24 小節のエチュードは、IIm7 - V7 - IMaj7 コード・プログレッションの異なる 2 小節パターンを組み合わせて、12 キーにしたものです。このエクササイズを楽譜の通りに演奏しても、2 小節パターンのいずれかを選び、12 キーに移調しながらくり返し演奏してもよいでしょう。

Track 5　左チャンネル：ピアノ伴奏
　　　　　右チャンネル：サックス

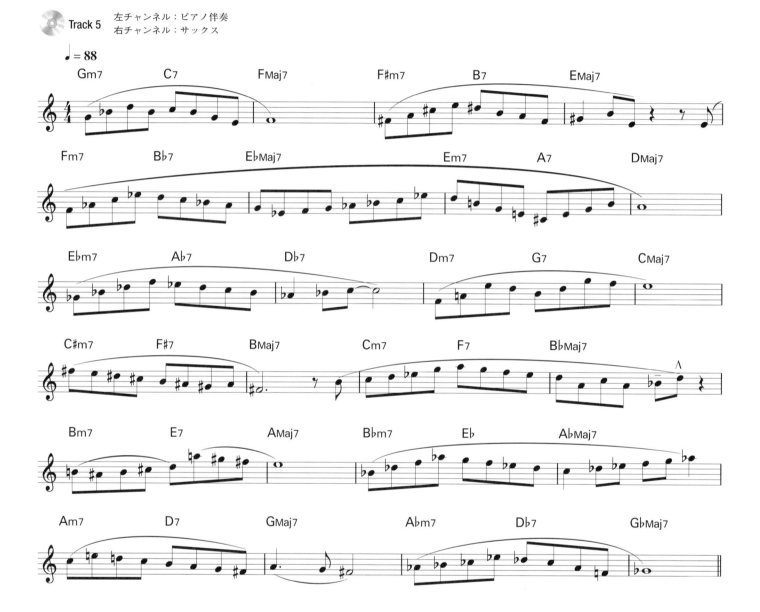

次の 6 つの 2 小節パターンも、それぞれ 12 キーに移調しましょう。これらのパターンでは、V7 コードに対して♭9、♯9、♯11 の 3 つのオルタード・テンションを使っています。楽譜には書き出さず、ゆっくりのテンポから始めて、すべて自分の耳に従って練習をしましょう。サウンドに慣れてきたら、オリジナルの 2 小節のパターンを創ってみましょう。

その他のパターン

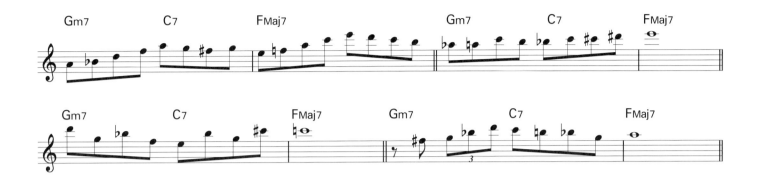

以下のエクササイズは、マイナー・キーの II - V - I です。トニック・マイナー（Im7）には、メロディック・マイナー・スケールかドリアン・モードがもっともよくフィットします。IIm7（♭5）には、ロクリアン・モード（メジャー・スケールの7th ディグリーから始まるモード）を使いましょう。マイナー II - V プログレッションにおける V コードは、通常 ♭9 を含んでいます（II コードの ♭5 と V コードの ♭9 は同じ音）。このエクササイズは、楽譜の通りに演奏しても、あるいは 2 小節パターンのいずれかを選び、12 キーに移調しながら曲を通して演奏してもかまいません。

Track 6　左チャンネル：ピアノ伴奏
　　　　　右チャンネル：サックス

さらに、マイナー・キーのパターンを８つ追加します。パターン **d**、**e**、**g** には特に注意を払いましょう。これらは
スーパー・ロクリアン・スケール（ロクリアン・モードの♭2nd を半音上げたもの）に基づいています。

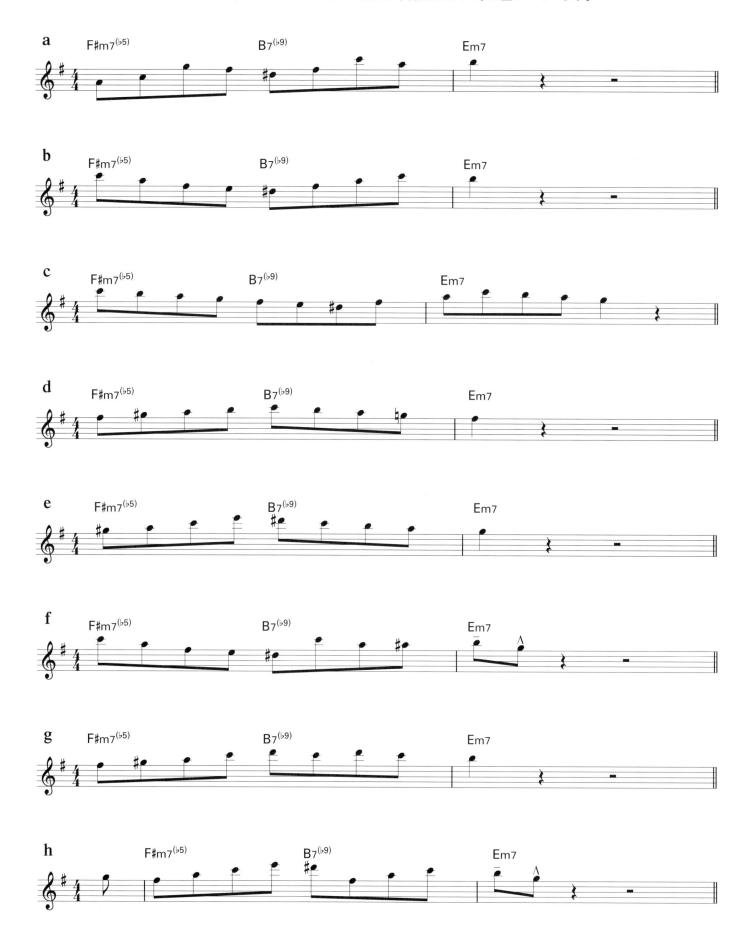

アイディア 12　1小節の IIm7 -V7 パターン

アイディア 11　IIm7-V7 エチュードの続きとして、ここでは 1 小節の IIm7-V7 パターンを練習します。まずは、メジャー・キーから始めましょう。

g

h

i

j

k

l

次はマイナー・キーです。以下のパターンはキーが半音ずつ動いていますが、キーが1音ずつ上行／下行する練習も
しましょう。

a

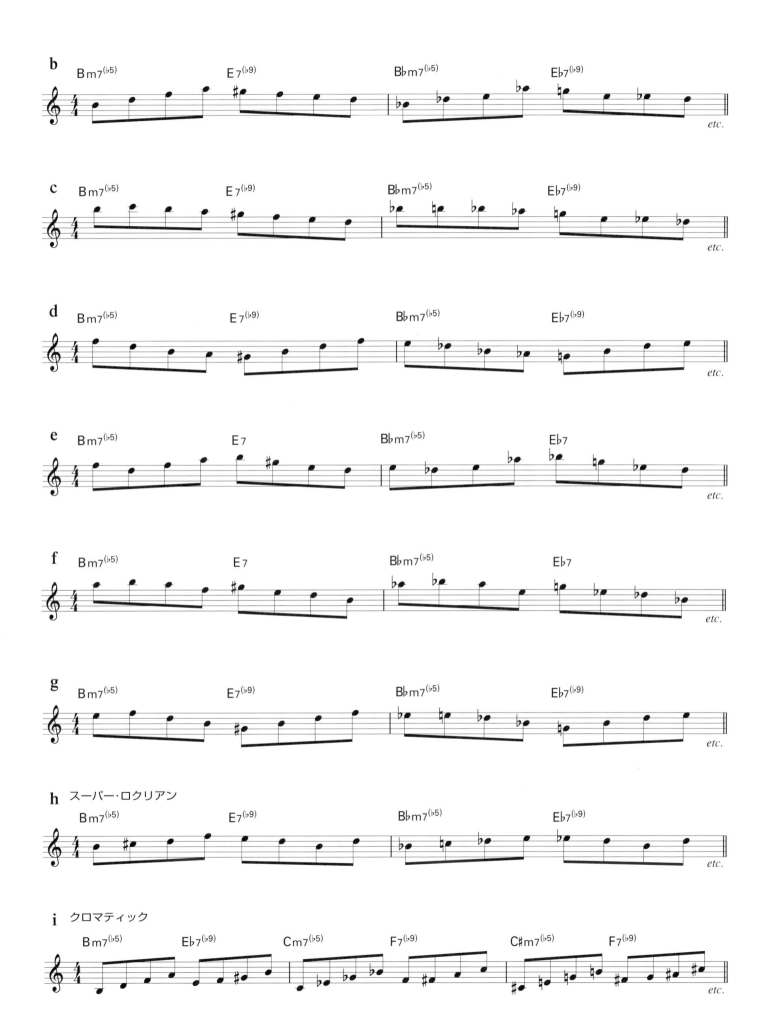

アイディア 13　9thコードの下行

インターヴァル（音程）やコードどうしの関係を聴き取るためのイヤー・トレーニングには、コード・プログレッションのアルペジオを演奏することがとても効果的です。ここまでに学習したアルペジオの多くは、ルートから始まるものでしたが、このエクササイズでは、9th の音から下行するアルペジオを練習します。それによって、単に上下行するありきたりなアルペジオ・パターン以上のものが創れるようになります。9th の音からスタートすることは、9th という重要なカラーを聴き分けるためのイヤー・トレーニングにもなります。CD Track 7 の（リズム・セクション）と一緒に演奏しましょう。

このようなくり返しパターンを演奏する場合、いかにも練習という感じではなく、音楽の一部に聞こえるような演奏を常に心がけましょう。細かいアーティキュレーションにも注意してスウィングさせることができれば、より本物の音楽らしくなります。

 Track 7　伴奏のみ

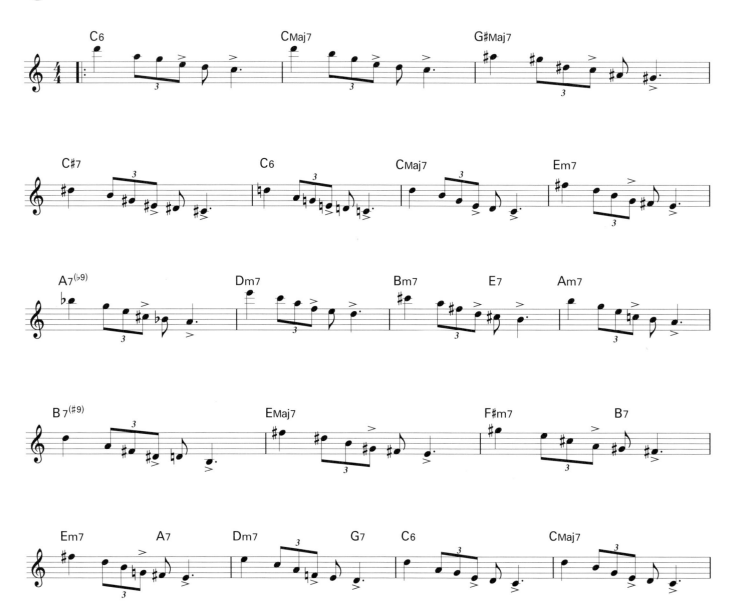

注 意：上記の楽譜は、1つの例として記譜しています。CD Track 7 には、サックスによる模範演奏は収録されていません。

アイディア 14　4度インターヴァル

Joe Farrell、*Dave Liebman*、*Eddie Harris* などのモダンなスタイルのプレイヤーは、ソロ・フレーズに 4 度インターヴァルを取り入れています。4 度インターヴァルは 3 度よりも少しオープンで独特なサウンドをもつため、3 度インターヴァルの積み重ねた一般的なコード・アルペジオとは異なるフレーズを創ることができます。次のエクササイズは、4 度インターヴァルに慣れるためのイヤー・トレーニングとフィンガリングの習得に役立ちます。

a のように、ダイアトニック・スケール・ノートだけで練習する場合、すべてのインターヴァルが完全 4 度(パーフェクト 4th)になるわけではありません。ここでは F メジャー・スケールを使っていますが、例えば、スケール・ノートの 4th(B♭ 音)と 7th(E 音)間のインターヴァルは、増 4 度(オーグメント 4th)になっています。このエクササイズを 12 キーのすべてで練習しましょう。以下のエクササイズをさまざまなアーティキュレーションやテンポで練習することで、フレージングはさらに発展するでしょう。

アイディア 15　ビバップ・ミクソリディアン

1940年代のビバップ時代以降に一般的となったスケールのひとつに、**ビバップ・ミクソリディアン**があります。これは、通常のミクソリディアン・モードのルートとその下の♭7th の間に半音を加えた、8音のスケールです。ビバップにおける速いフレーズの多くが、スカラー・アプローチ（パターン的なアプローチ）を使っています。スケール・ノートを1つ増やして8音にすることで、1小節内における8分音符のメロディック・リズムが創りやすくなるため、ビバップ特有の速いスウィングにも対応できたのです。

ビバップ・ミクソリディアン・スケールは、ドミナント7th コードや II - V プログレッション全体に対して使うことができます。CD Track 2 のサイクル・オブ 5th で下行する伴奏と一緒に、以下の各パターンを移調しながら演奏しましょう。

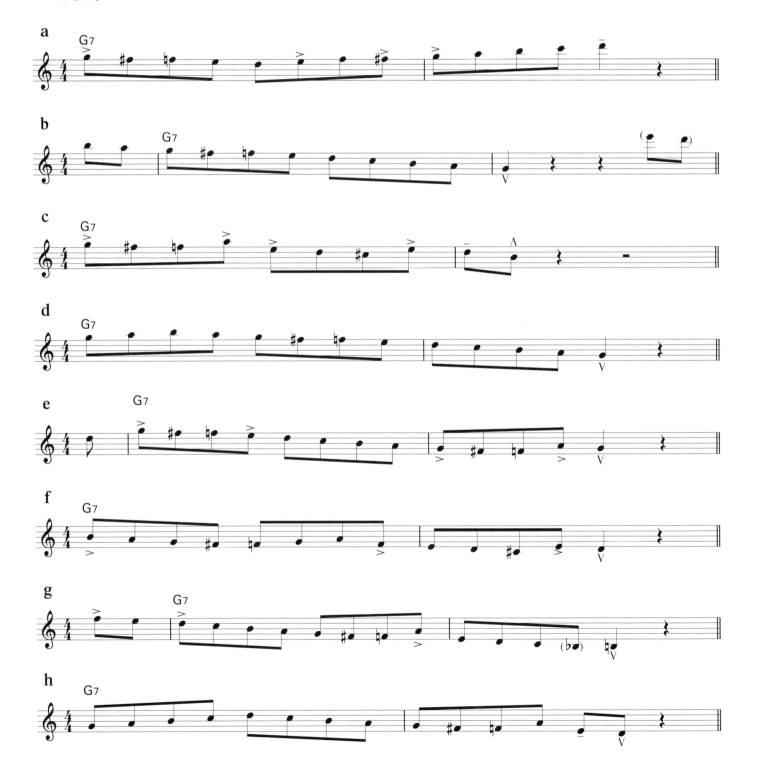

以下の II - V - I で進行する各パターンを移調して、CD Track 3 の伴奏と一緒に演奏しましょう。

アイディア 16　ディミニッシュ・スケール

ディミニッシュ・スケールは、全音 - 半音（または半音 - 全音）パターンをくり返す、シンメトリックな構造の8音スケールです。スケール名はディミニッシュ7thコードに由来していますが、このコードはすべてのコード・トーンが短3度インターヴァルで等間隔に積み重ねられています（例：G - B♭ - D♭ - E）。すべてのコード・トーンが等間隔であることから、転回形もすべてディミニッシュ・コードになります。つまり、4つのコード・トーンすべてがルートになるため、コード・シンボル表記によってのみルートを特定することができます。

ディミニッシュ・スケールならではの不協和なサウンドは、コードのテンションを半音変化（オルタード）させる、インプロヴィゼイションにおいて一般的なツールです。

以下は、ディミニッシュ・コードの上で使える全音 - 半音ディミニッシュ・スケールです。

全音 - 半音ディミニッシュ・スケール

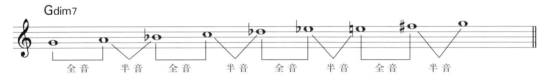

半音 - 全音ディミニッシュ・スケールはドミナント7thコードに対して使いますが、ルートから見ると♭9、♯9、♭5という独特なカラーをもつ音が含まれています。このスケールは、V-I という進行におけるドミナント7thコードに対してだけ使うようにします。

半音 - 全音ディミニッシュ・スケール

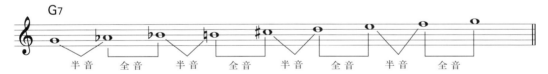

次は、3つのディミニッシュ・スケールと、これに対応するコードを示したものです。このスケールは1つで4つのキーに対応するため、3つのディミニッシュ・スケールで12すべてのキーがカバーできます。メトロノームに合わせてゆっくりのテンポから練習を始めましょう。慣れてきたら、あるディミニッシュ・コードを想定し、対応するスケールをコードのルートから楽器のレンジいっぱいまで上行する、またルートまで下行するように練習しましょう。

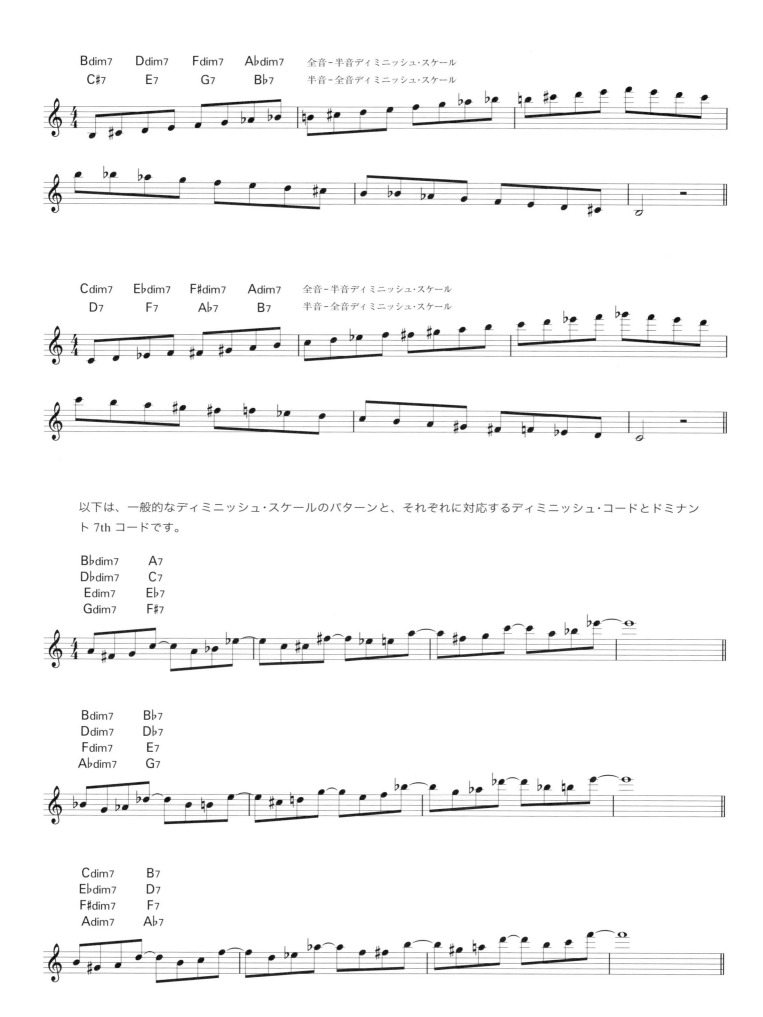

以下は、一般的なディミニッシュ・スケールのパターンと、それぞれに対応するディミニッシュ・コードとドミナント 7th コードです。

以下は、9つの異なるディミニッシュ・スケール・パターンです。最初は、ゆっくりのテンポから始めましょう。一気
に演奏するには長すぎるパターンは、短く区切って練習してもよいでしょう。

前ページの各ディミニッシュ・スケール・パターンを移調して演奏しましょう。

 Track 8　伴奏のみ

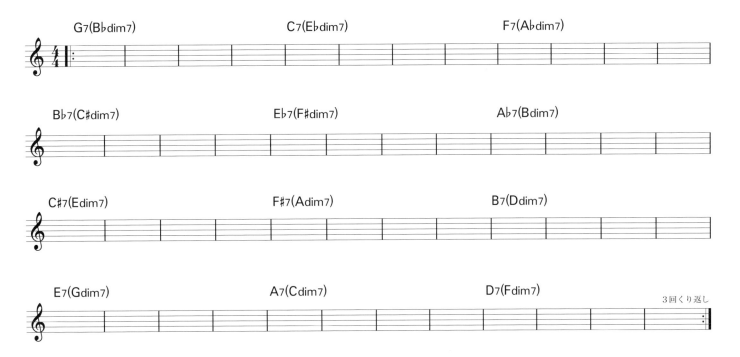

最後のエクササイズは、II-V-I コード・プログレッション上でディミニッシュ・スケール・パターンを使ったものです。以下のパターンを移調して、CD Track 3 の伴奏（リズム・セクション）と一緒に演奏しましょう。

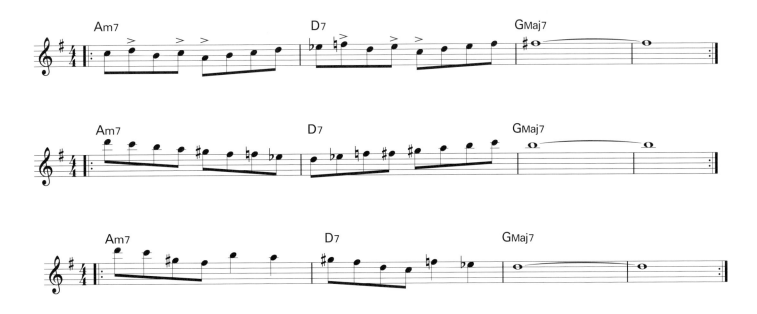

アイディア 17　オルタード・スケール

オルタード・テンションを使うことによって、フレーズにより強いテンション（緊張）を与えることができます。1〜2つの強いテンションを含んだスケールはたくさんありますが、**オルタード・スケール**には4つのオルタード・テンション（♭9、♯9、♯11、♭13）が含まれています。このスケールは、**ジャズ・メロディック・マイナー・スケール**（マイナー・スケールだが、上行／下行を問わず6thと7thの音がナチュラル）に含まれるモードでもあります。

A♭ジャズ・メロディック・マイナー

3rd上のオーグメント・メジャー・コードが、このスケールのサウンドを独特なものにしています。

オーグメント・メジャー7th

ドミナント7thコードに対応するオルタード・スケールを見つけるためには、コードのルートより半音上の音から始まるジャズ・メロディック・マイナー・スケール（コードのルートがこのスケールのナチュラル7thにあたる）を、コードのルートから演奏します。つまり、ジャズ・メロディック・マイナー・スケールを7thの音から始めると、オルタード・スケールになります。

A♭ジャズ・メロディック・マイナー（＝G♯ジャズ・メロディック・マイナー）

オルタード・スケールがもっとも機能するのは、V-Iルート・モーションにおけるドミナント7thコードに対して使う場合です。このスケールは alt. という略式表記を伴うV7コードや、V7(♭9) やV7(♯9) などのオルタード・テンションを伴うコードに対して使うことができます。オルタード・スケールの3rd上にはオーグメント・メジャー7thコードが組み立てられますが、それには♯9と♭13のテンション（ドミナント7thコード、およびそれに対応するオルタード・スケールのルートから見て）が含まれています（**a**を参照）。また、オルタード・スケールの7th（♭7）にもオーグメント・メジャー7thコードが組み立てられますが、これにもテンション♯11（スケールとコードのルートから見て）が含まれています（**b**を参照）。ジャズ・メロディック・マイナー・スケールはハーフ・ディミニッシュ（m7(♭5)）コードにも使えますが、その場合は、コードの3rd（マイナー3rd）から始まるジャズ・メロディック・マイナー・スケールを想定します（このスケールをコードのルートの音から始めると、スーパー・ロクリアン・スケールになる。**i**〜**o**を参照）。

a

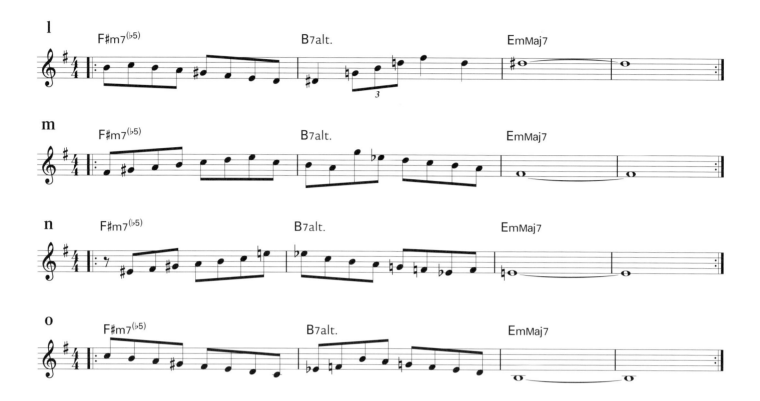

a ～ c は、CD　Track 8 を使って、以下のドミナント・コード・プログレッションで練習しましょう。d ～ h は Track 3 （IIm7 - V7 - I）、i ～ o は Track 4（IIm7$^{(♭5)}$ - V7 - Im）を使って、それぞれ練習しましょう。

Track 8　伴奏のみ

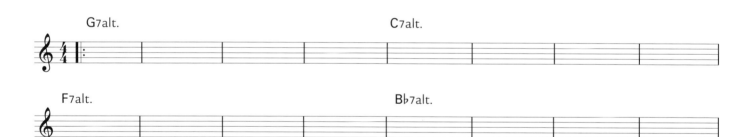

コード・サブスティテューションや代理サウンドを考えてオルタード・スケールを使う場合、経験豊かなリズム・セクションは演奏に合わせてくれるでしょう。しかし、リズム・セクションが合わせてくれない場合でも、ドミナント 7th コードに対してオルタード・スケールを使うことは可能です。以下のエクササイズでは、リズム・セクションは基本のヴォイシングを演奏しますが、メロディ・プレイヤーはオルタード・サウンドを使います。

これらのパターンを CD Track 2 に合わせて練習して、その後自分のオリジナル・パターンを創ってみましょう。

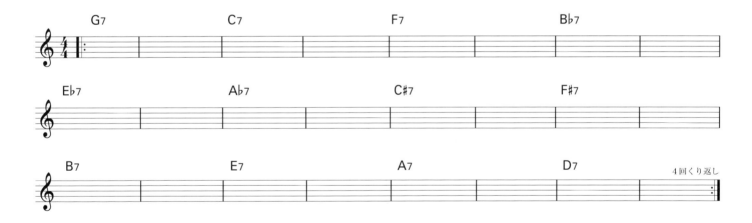

アイディア 18　ホールトーン・スケール

ホールトーン・スケールは名前が示す通り、すべての音が全音（ホールトーン）間隔で創られているスケールで、非常に独特なサウンドをもっています。このスケールは、すべてが全音インターヴァルであるため、メロディとしての可能性は限定されます。

ホールトーン・スケールは、オーグメント・トライアドやドミナント 7th コード（5th がシャープまたはフラットしていて、なおかつメジャー 9th を含む場合）にもっともよくフィットします。

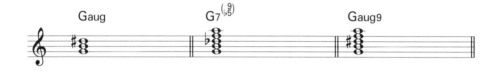

このスケールは、すべて全音間隔の構造であるため、6 つのスケール・ノートの中のどの音から始めても同じになります。1 オクターヴは 12 音なので、6 音で等間隔のホールトーン・スケールは 2 種類しかありません。CD Track 8 と一緒に、以下のホールトーン・スケールを練習しましょう。

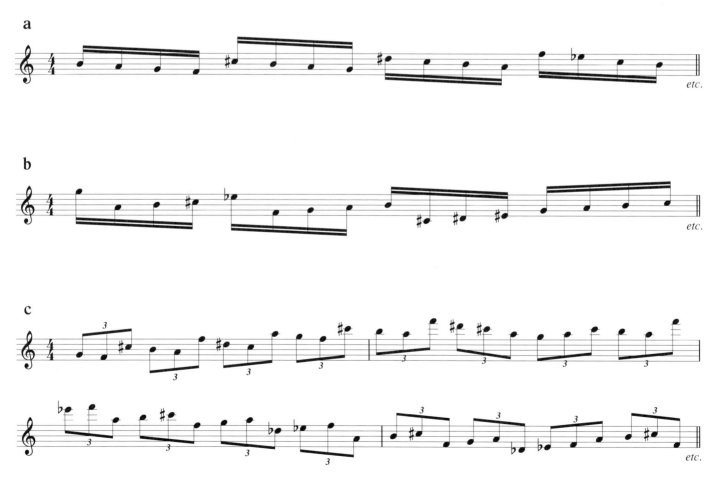

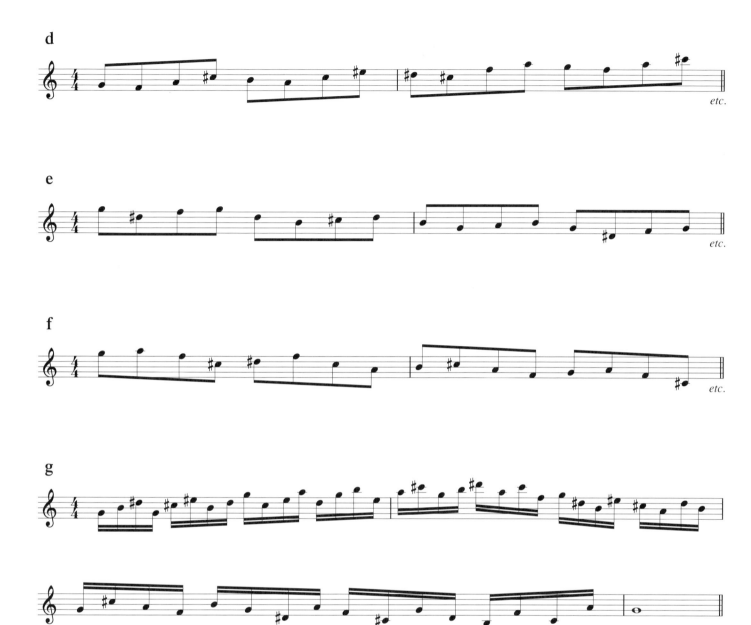

アイディア 19　ポリコード

コードの上にもう 1 つ別のトライアドを乗せたものを、ポリコードといいます。以下の 1 つ目の例を見ると、ピアノのサウンドはコンサート B♭7 コード（本書の楽譜は E♭ キーに移調しているので G7 コード）になっています。サックスのサウンドはコンサート B♭7 コードから始まって、その上にコンサート C トライアドが重なることにより、コードのテンション ♯11（C トライアドのメジャー 3rd である E 音は、B♭ のルートから見ると♯11にあたる）を含むことになります。

ポリコードは、特徴的なトーナル・カラーを創り出します。1 つの基本コードに対し、5 つのメジャー・トライアドと 6 つのマイナー・トライアドを使用した 11 種類のポリコードを創ることができます。しかし、V マイナーと VI マイナー・トライアドに関しては、オルタード・テンションを含んだアッパー・ストラクチャー・サウンドにはなりません。以下のポリコードを練習して、特定のオルタード・テンションを自在に選ぶことができるようにしましょう。例えば、♯9 と♭13 を含むドミナント 7th コードが出てきたら、コードのルートより♭6th 上の音から始まるメジャー・トライアドを使うと、まさにジャストなサウンドになります。また、ディミニッシュ・スケールを使うと♯9、♭9、♯11 が含まれ、オルタード・スケールでは 4 つのオルタード・テンション（♭9、♯9、♯11、♭13）が含まれます。

これらの特定のオルタレーションがどのように機能するのかを学ぶために、次の各ラインを見て、サウンドの違いを聴き取りましょう。各ポリコードがもっている独特なサウンドに着目します。それから CD のサックス・パートを絞って、ピアノに合わせて、各ポリコードを演奏しましょう。自分がどのポリコードを演奏しているのかを常に意識します。このエクササイズを練習することによって耳は飛躍的に進化し、今までとは異なる音のとらえ方ができるようになるでしょう。

 Track 9　左チャンネル：伴奏
　　　　　　　右チャンネル：サックス

A メジャー・トライアド

B♭ メジャー・トライアド

D♭ メジャー・トライアド

E♭ メジャー・トライアド

E メジャー・トライアド

G マイナー・トライアド

A♭ マイナー・トライアド

B♭ マイナー・トライアド

C♯ マイナー・トライアド

D マイナー・トライアド

E マイナー・トライアド

アイディア 20 トライトーン・サブスティテューション

ダイアトニック・アプローチを使って自在にインプロヴァイズするためには、クロマティックの音やテンションを加えるためのコード・サブスティテューション（代理コード）を用いて、フレーズをより豊かにする必要があるでしょう。もっとも一般的な代理の１つが**トライトーン・サブスティテューション**です。最初の例では、ルートがトライトーン（３全音＝増４度）離れた２つのドミナント 7th コードが出てきますが、２つのコードには 3rd と 7th に同じ音が含まれています（ディグリーは入れ替わっている）。そして、両コードともトニックに解決しています。トライトーン・サブスティテューションにおけるコード・トーンは、トニックにおけるコード・トーンとそれぞれ半音離れていますが、7thのみが共通しています。

トライトーン・サブスティテューションは、本来の V コードが５度下のトニックに解決するプログレッションでもっとも有効です。この代理を使う場合は、できるだけシンプルなアプローチをして、トライトーン・サブスティテューションのコード・トーンだけを使うのが効果的でしょう。コード・サブスティテューションに対応するスケールの音を使ったり、オルタード・テンションを使うと逆効果になってしまいます。CD Track 3 の伴奏に合わせて **a〜g** を練習しましょう。**f** と **g** は、トライトーン・サブスティテューションに関連して IIm7 コードが使われる（II-V を形成する）場合に、どのように組み込まれるのかを示しています。

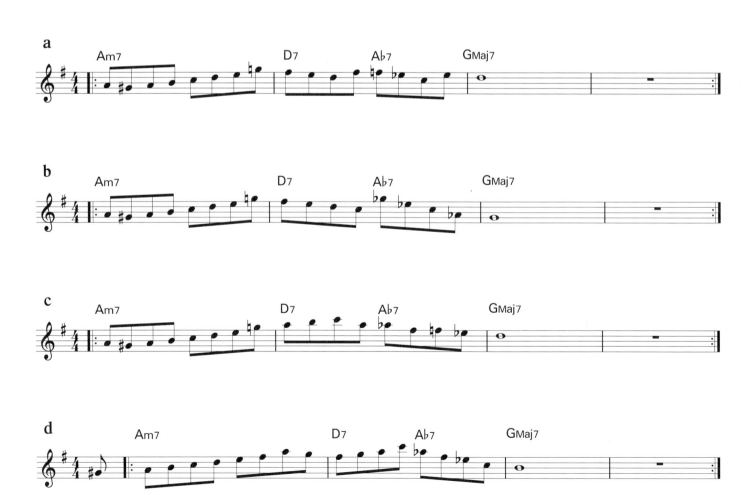

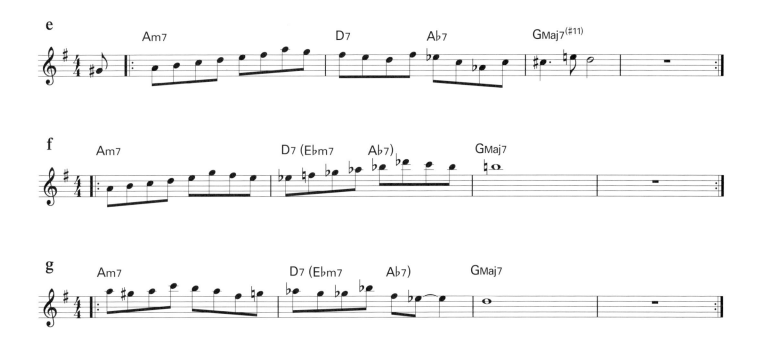

以下のエクササイズは、さらなるトライトーン・サブスティテューションの使い方を示しています。これらのコード・サブスティテューションは、伴奏者が本来のⅡ-Ⅴ-Ⅰプログレッションを演奏している時にも使うことができます。

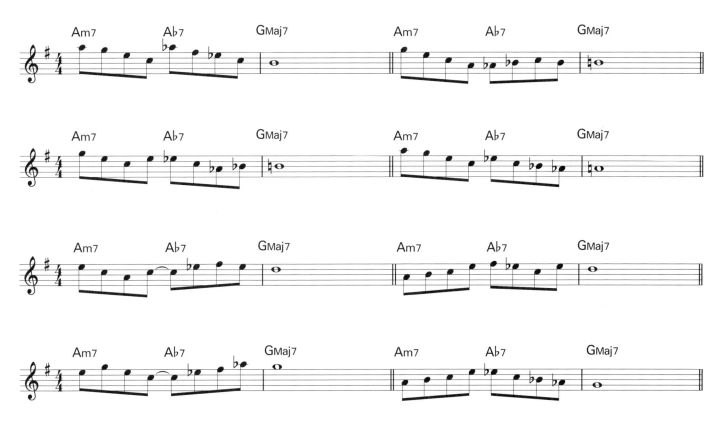

最初は、演奏にサブスティテューションを組み込むことが難しく感じるかもしれません。まずは、新しいサウンドに耳を慣らしましょう。くり返し練習することによって、耳が独特なサウンドに慣れてきたら、他のプレイヤーが演奏している代理サウンドをよく聴きましょう。聴き取ることができるようになれば、徐々に自分のジャズ・ボキャブラリーの一部になっていきます。

アイディア21　パッシング・ディミニッシュ

　1つのマイナー・コードが1小節以上長く続く場合、ハーモニーにバリエーションを加えるために、マイナー・コードのルートから見て半音下から始まるディミニッシュ・パターンを使うことができます。以下の例を耳を使って正確に移調しながら、12キーで練習しましょう。その後、自分のオリジナル・パターンを創ってみましょう。

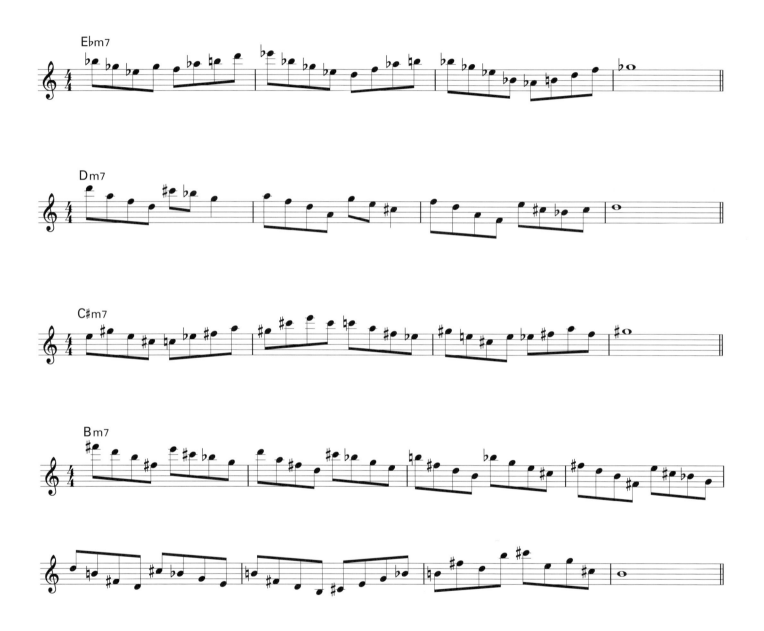

アイディア22　ペンタトニック

1950年代後半以降、ビバップのリズム、メロディ、ハーモニーに限界を感じていたミュージシャンたちは、新しいサウンドを創り出す努力を始めました。そして、5音で構成される**ペンタトニック・スケール**が注目され、そのオープンなサウンドと何通りもの転回形が、さまざまなトーナリティを創り出す効果によってよく使われるようになりました。ペンタトニック・スケールをインプロヴィゼイションに多用するサックス奏者は数多くいますが、*John Coltrane*、*Wayne Shorter*、*Dave Liebman*、*Jerry Bergonzi*（ATN刊：ジェリー・バーガンジィ著、インサイド・インプロヴィゼイション・シリーズ Vol.2　ペンタトニック・スケール参照）などが代表的です。

ペンタトニック・スケールは、メジャー・スケールから4thと7thの音を取り除いたものです。ハーフステップを省くことにより、テンション・ノート（または解決する必要がある音）を含まないスケールになります。

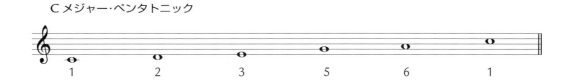

Cメジャー・ペンタトニック

ある場面で使うことができるペンタトニック・スケールを導き出すには、複数の方法があります。以下の方法では、コードのさまざまなディグリー上にペンタトニック・スケールを創ることによって、本来のコード・サウンド（ベーシック・トライアドのサウンドに近いもの）からテンション感の強いサウンド（メジャー7thに♯11のようなテンションが加わる）まで、幅広いサウンドを創ることができます。

ペントニック・スケールを 12 キーすべてで演奏できるようになったら、次のパターンを練習しましょう。

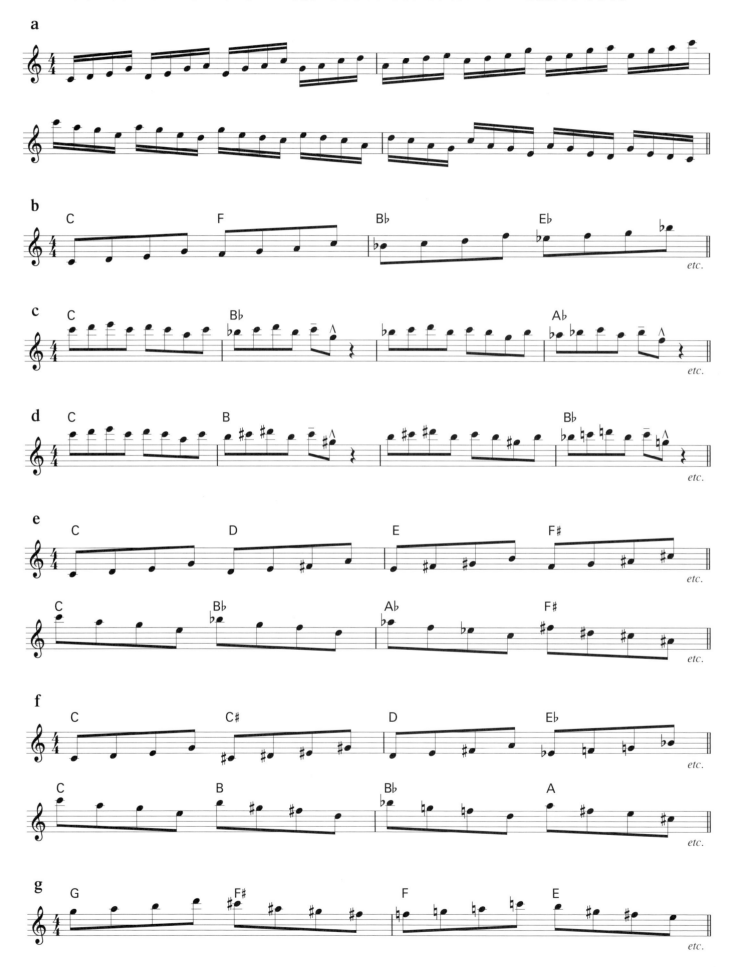

以下のパターンを、メジャー 7th コードのトラック（CD Track 10）に合わせて、移調して練習しましょう。1 つのメ
ジャー 7th コードに対して、異なるペンタトニック・スケールがそれぞれどのようにサウンドするのかを聴くことが
できます。

Track 10　ピアノ伴奏のみ

メジャー・ペンタトニック

以下のパターンを、マイナー・コードのトラック（CD Track 11）に合わせて移調し、演奏しましょう。無限に広がるフレーズの可能性の中から、ペンタトニックを使って自分のフレーズを創り、楽しみましょう。

🎵 Track 11　ピアノ伴奏のみ

マイナー・ペンタトニック

アイディア23　ジャズ・レガート・タンギング

アップテンポのジャズ・チューンを演奏する場合は、フレーズを正確に演奏することがとても重要です。そのためにはタンギングを使う必要があります。しかし、すべての音をタンギングするのは非現実的で、サウンドも堅苦しくなってしまいます。実際には、一部の音のみをタンギングして、他の音はタンギングせずに演奏するのが普通です。タンギングしない音のいくつかは不明瞭で、強調されることのないゴースト・ノートになります。このようなジャズ・レガート・タンギングは、速いテンポでスウィングするフレーズを演奏する場合に使います。

> 重　要：以下のエクササイズは、舌の先を前歯の下側の裏に付けたまま行います。舌のやや上の部分で、リードの先端近くに軽くタッチします。Dooooo というシラブルでの口の形を思い浮かべます。

最初の例 **a** は、音と音の間に空白ができないように、各音をレガートで演奏します。メトロノームを使って、ゆっくりのテンポ（♩=42～60）から始めましょう。レガートのアタック（音の出だし）を均等にそろえるように注意しながら、楽器のレンジをすべて使って半音ずつ練習しましょう。

 Track 12　サックスのみ

b はビバップ・ミクソリディアンを使用しています。メトロノームのテンポを ♩=44～66 くらいに、クリックは2拍/4拍にセットして練習します。タンギングする音に少しアクセントをつけ、スウィング・フィールを出すようにしましょう。

c は **b** と同様のタンギングですが、ディミニッシュ・スケールに基づいています。このエクササイズは、どの音からでも始められるように練習しましょう。

アイディア24　スウィング・フィールの向上

Count Basie Orchestra は、たった1音だけの演奏でもスウィングすることができたといわれています。**スウィング**とは、ある一定のパルスに対して流動的なフィールを与えるものです。グループで演奏する場合は、「音楽をどのようなリズミック・フレーズで表現するか」という点において、バンド全員で意思の疎通がとれていることがスウィングするかどうかの決め手になります。またそれとは別に、個々のミュージシャンがもっているスウィング・フィールは独自のものであり、ミュージシャン1人ひとりの個性となります。

スウィングは、ジャズにおいてもっとも難しいコンセプトのひとつでしょう。何時間かければ、すべてのスケール、コード、耳を鍛えるためのエクササイズなどは練習することができます。しかし、スウィング・フィールでフレーズを演奏する方法はどのように練習すればよいのでしょうか？ まず最初のステップは、すばらしい演奏を数多く聴くことです。好きなサックス奏者が演奏しているミディアム・テンポでスウィングする曲を選び、ソロの1音1音を完璧に歌えるようになるまで聴き、ソロのニュアンスまで音声シラブルで再現できるようにしましょう。8分音符をどのようにスウィングさせているのかに注目します。スウィング・フィールの根底に流れている基本的なパルスは8分音符3連に基づいており、3連符のうち最初の2音をタイで繋いだ形です。次に、スウィング・フィールを体得するために、聴き取ったソロを楽器を使って再現してみましょう。

アイディア23　ジャズ・レガート・タンギングのエクササイズがスムーズにできるようになってから、以下の各エクササイズに進みましょう。メトロノームは2拍／4拍にセットし、楽譜に書いてあるアーティキュレーションやアクセントなどを正確に表現できるように練習することで、スウィング・フィールが創りやすくなります。音によってアクセントをつけたり、逆に強調しなかったりする（ゴースト・ノートにする）ことは、よいフレージングの基礎となります。

ビバップ・チューンを聴くことで、基本パルスとしての8分音符をどのように捉えたらよいのかがわかりやすくなります。できるだけ多くのビバップ・チューンのCDを聴いたり、*フェイク・ブックなどを使って練習しましょう。

* fake book：曲のメロディとコード・シンボル（時には歌詞も）が書かれたリード・シートを集めた楽譜集のこと。かつて、インプロヴィゼイションがフェイクと呼ばれていたためその名がついた。「リアル・ブック」や「1001」と呼ばれることもある。

アイディア25　エネルギッシュなライン

これまでに聴いてきた音楽で、ごちゃごちゃした印象しか残らないソロや、反対に感情の変化まで理路整然とした
ソロがあると感じたこともあるでしょう。以下の **a** と **b** をそれぞれ2〜3回続けて演奏してみると、**b** の方がスウィ
ングして、サウンドがより流暢に感じられるはずです。これは、最初の8分音符の音を1つ分（半拍）ずらして、フ
レーズをアップビート（弱拍）から始めて強拍（1拍／3拍）で終えることにより、フレーズの方向性と動きが強調さ
れるためです。それによってリスナーは、フレーズがどこに向かって行くのかを聴き取りやすくなります。もし
フレーズが方向性を失ってごちゃごちゃなサウンドになっている場合、スケール内のストロング・トーン（ルート、
3rd、5th、7th の音）と強拍の位置が同調していない状態ということです。

以下のエクササイズは、II - V - I プログレッション上でミクソリディアン・モードを用いたものです。フレーズの
中で、ストロング・トーンと強拍の位置が一致しています。CD Track 3 の伴奏と一緒に練習しましょう。**c** はルートと
3rd、**d** は 3rd と 5th、**e** は 5th と 7th の音がそれぞれ一致しています。**f** と **g** はそれらを組み合わせたエクササイ
ズです。

これらのフレーズは、多くのビバップ・ラインに見られるモチーフでもあります。各モチーフを参考にして、フレー
ズの方向を予測しながら演奏することにより、フレーズに勢いを与えます。これらのエクササイズがスムーズにで
きるようになると、耳は次のコードを予測できるくらい進化するでしょう。

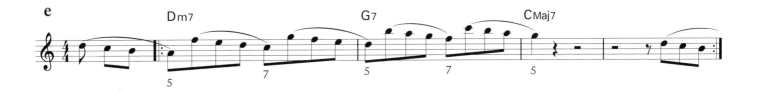

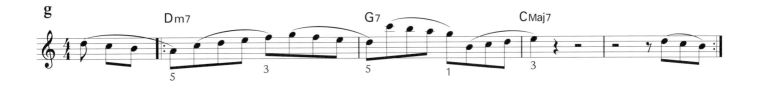

アイディア 26　マニピュレーティング・タイム

フレージングを発展させて表現力に富んだ演奏をするためには、タイム感を鍛えることが不可欠です。最初の段階は、ビート（拍）とはスペース（長さ）であって、タイム上の"点"ではないと認識することです。ビートを次のようにイメージしてみましょう。

ビート（１拍)を５つに分けていますが、基本的な３つのアプローチ方法に合わせて位置を選びます。ビートの真ん中 **a** を選んだ場合は、**オン・ザ・ビート**（ジャスト・イン・タイム）で演奏することになります。ビートの前寄りに音を出す **b** を設定した場合は**トップ・オブ・ザ・タイム**、ビートの後方寄りに音を出す **c** を設定した場合は、**レイド・バック** になります。サウンドがハシッていたりもたついている場合は、タイムが **d** か **e** までずれているといえます。音楽的な効果を得るためにビート上のどの位置（タイミング）で音を出すのかが重要なのです。

通常スロー・テンポのバラードやブルース・ナンバーの方が、タイムをより自由にコントロールできます。ビートのどの位置で音を出すかは、サウンドと同様に個人的な好みにもよります。*Lester Young* や *Gene Ammons* はレイド・バックで、*Sonny Stitt* や *Don Byas* などは概してトップ・オブ・ザ・タイムで演奏しています。しかし、常に一方に片寄る必要はありません。優れたプレイヤーほどタイムを自由自在にコントロールし、音楽的な状況や目的に応じて、ビートのどの位置でも演奏できます。

以下は、ビート上における音の位置を自在にコントロールするためのエクササイズです。まず、２拍／４拍にセットしたメトロノームをドラムのハイハットと想定して、最初のエクササイズをオン・ザ・ビートで演奏しましょう。タイムをつかむまで何回かくり返したら、音の位置をビートの前方（トップ・オブ・ザ・タイム）へ移しましょう。前側に音を引き寄せすぎるとビートのウラとオモテが反転してしまうので注意が必要です。トップ・オブ・ザ・タイムでの演奏に慣れたら、再びオン・ザ・ビートに戻り、何回かくり返します。次に音の位置を後方に移し、レイド・バックのタイム・フィールがつかめるまで練習します。タイム・コントロールがスムーズにできるようになったら、他のパターンやスケールなどを使って練習しましょう。この方法による練習に慣れてくると、さまざまなタイム・フィールでフレージングができるようになってきます。

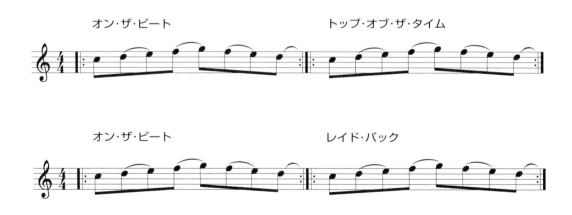

アイディア27　スリー・アゲインスト・フォー

本書は主に、ハーモニーとメロディのボキャブラリーを発展させ、増やしていくことに焦点をあてています。しかし優れたインプロヴィゼイションをするためには、ふさわしい音を選ぶことに加え、リズムにおいても変化を創り出すように**インとアウトのコントロール**ができなければなりません。たとえば、1960年代の *Miles Davis Quintet*（*Herbie Hancock*：ピアノ、*Tony Williams*：ドラムス、*Ron Carter*：ベース、*George Coleman* または *Wayne Shorter*：サックス）は、メロディとハーモニーに関してはもちろん、リズムに関してもまさに革新的でした。このバンドは、ポリリズムの使用と小節線を自在に越えたフレージングによって、まったく新しいサウンドを創り出したのです。

a と **b** はシンプルなスケール・パッセージです。規則的なアクセントを通常とは異なる位置に置くことによって、ダウンビートを感じる位置を変化させることができます。まず最初の段階では、自分が小節内のどこにいるのかを常にわかっていることが重要です。メトロノームを2拍／4拍でスローなテンポにセットし、3拍目にアクセントをつけてみましょう。以下の **a** と **b** では、アクセントが1小節目の3拍目、2小節目の2拍目、3小節目の1拍と4拍についています。3拍ごとに1回のアクセントをつけることを意識しながら、くり返し練習しましょう。また、異なるキーや自分でパターンを創り、試してみましょう。新しいテクニックは出てこないので、シンプルに、**スリー・アゲインスト・フォー**（4拍子上で3拍子を感じさせるパターン）で演奏するフィーリングをつかむようにしましょう。

c は、**デュレーショナル・アクセント**と呼ばれる、異なるアクセントの使い方です。2拍目と4拍目のタイで結ばれた音のデュレーション（音の持続）がダウンビートとずれていることから、スリー・アゲインスト・フォーに感じます。**d** では、3音パターンのくり返しによって、スリー・アゲインスト・フォーが創られています。**e** は、**a** と **b** に似て、やはり3拍ごとにアクセントがつきますが、最初のアクセントが2拍目にあるところが異なっています。

アイディア **28** リズムの置き換え

リズムの置き換えとは、休符をはさんで一定のリズム・パターンをくり返すことによって、リズム上におけるパターンの配置がシフトしていくことです。リズムの置き換えには、8分休符、4分休符、付点4分休符などが使われます。

最初の例では、2つの4分音符パターンの後に8分休符があります。3拍目のウラと4拍目のウラには、次の2つの4分音符パターンがあり、この8分休符によって、その次の4分音符の位置がずれています。8分休符によって発生するパターンのズレは、一定のサイクルが終了するまで続きます。このテクニックは、モダン・ジャズや現代の商業音楽でもよく使われています。

次のエクササイズを CD Track 26 のファンキーな伴奏に合わせて練習しましょう。それから自分のオリジナル・パターンを創り、演奏しましょう。

アイディア 29　クロマティック・スケール

以下の練習 **a** は、ルートから 5 度下行するサイクル、**b** は 5 度上行／5 度下行をくり返すパターンのクロマティック・スケール・エクササイズです。これによって、小節線を越えていくフレージングに必要なテクニックが身につきます。よくある 8 音や 16 音のフレーズではなく、12、24 音、36 音などのフレージングにも応用できます。各クロマティック・スケールの変わりめで止まらない（リズムが変わらない）ように注意し、全体がひとつのセンテンスとなるようにしましょう。メトロノームを使って、ゆっくりのテンポから始め、均等なリズムでの演奏を心がけます。テンポを上げるに従って、できるだけ深くブレスしながら、3 ～ 4 以上のキーでフレーズを創り（息が続く限り）、サイクル・オブ 5th に沿って進んでいきます。キーによっては、オクターヴの切り替えが必要になりますが、慣れてくれば、瞬時にそのスケール・フレーズに最適なオクターヴで演奏できるようになるでしょう。

Track 13　サックスのみ

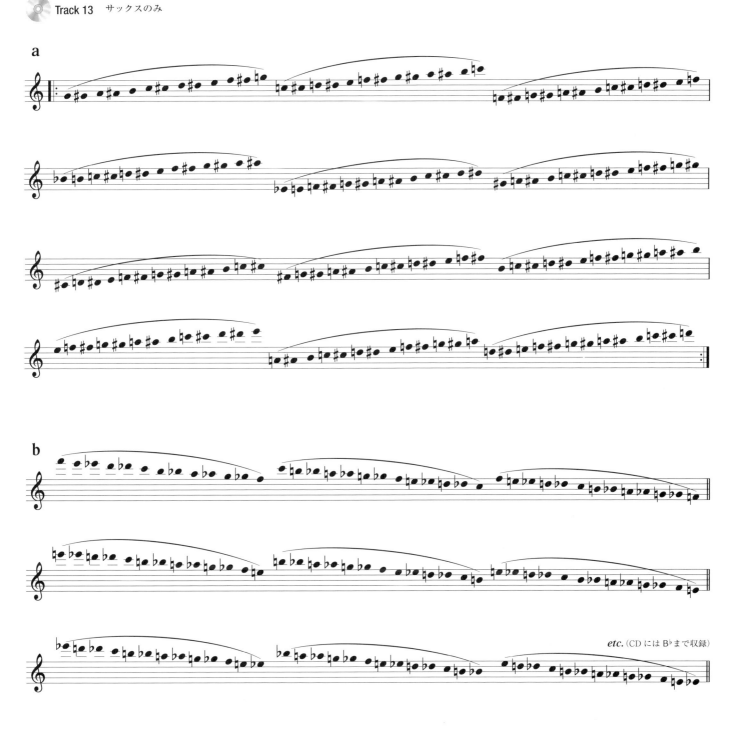

etc. (CD には B♭まで収録)

* cycle of 5th：p.20 の脚注を参照。

アイディア 30　　　テンポにチャレンジする

ファスト・テンポに対応するための練習方法を考察します。

ステップ 1

演奏可能なテンポを設定する

フレーズの始めから終わりまで、常に正確に演奏できるテンポをメトロノームを使って見つける。

ステップ 2

チャレンジしたいテンポを試す

ステップ 1 で設定したテンポよりも、メトロノームを少しだけ速くします。速めたテンポで演奏してから、再び**ステップ 1** のテンポに戻して演奏します。少し速いテンポでも正確に演奏できるようになるまで、2 種類のテンポでくり返し練習しましょう。同じフレーズを 3 回くり返しても間違えずに演奏できるようになったら、次は、チャレンジするテンポをもう少し速くします。この手順をくり返し、目標とするテンポに到達するまで練習しましょう。

フレーズの中で部分的にできない箇所があれば、該当する部分だけを抜き出して練習しましょう。ゆっくりのテンポで、問題がある音とすぐ前の音だけを、正しいビートの位置に合わせて練習します。問題なくできるようになったら、該当する部分の後ろの音も加えて、同様に練習します。それができるようになったら、ゆっくりのテンポのままで、抜き出した部分の前後に音をさらにいくつか加えます。できなかった箇所がスムーズに演奏できたら、フレーズ全体を通して演奏しましょう。この手順をくり返しながら、最終的には目標とするテンポまで上げていきます。

アイディア31　メロディを創る

ヴォーカリストの *Freddy Cole* は、2001年7月のダウンビート誌で次のように話しています。「*John Coltrane* はメロディをプレイすることができた。*Coltrane* は自分が演奏したことのすべてについて、実際に演奏する前から理解していた。学生たちは、こういった側面をふまえて *Coltrane* を聴かなければならない。問題は、学生たちが *Coltrane* の時代以降の音楽からスタートしたがることだ。そのようなことでは *Coltrane* の演奏は彼が聴いてきたメロディに影響を受けているということを実感できないだろう。これは *Louis Armstrong*、*Miles Davis*、*Dizzy Gillespie* など、すべての偉大なプレイヤーにも当てはまる真実だ。巨匠たちはさまざまな曲を本当によく知っていた。音楽の芸術性は、メロディを通してその根幹が築かれる」

自然に湧き出すようにメロディを創造することは、インプロヴィゼイションにとって不可欠な要素です。すべてのソロイストはオリジナル・メロディの創り方を学び、それをできる限り直接的な方法で表現する必要があります。以下は、よいメロディを創るためのいくつかの要素です。

1. ダイアトニックな動きとスキップとの適切なバランスを保つ。*ステップワイズな動きを基準として、バリエーションを増やしたいときや盛り上げたいとき、もしくはコードの輪郭を明確にしたいときなどにスキップを使う。大きなスキップの後は、逆方向にターンするとよい。ほとんどのメロディは歌われるためにあることを忘れないように。

2. 同方向に2つのスキップが続いた後は、以下のように逆方向へとターンして、そのまま逆の方向に向かっていくとよい。

3. メロディは、クライマックスの頂点を目指した方向性をもっているべきで、ごちゃごちゃしたフレーズにならないように注意する。もし、特定のピッチ（音の高さ）とその周辺の音だけをくり返していたり、狭いレンジの中だけに制限されていたりすると、効果的なメロディにはならない。1ヶ所を創って、それから必然性のあるメロディを続ける。以下は、クライマックスに到達したら、収束に向かって徐々に下行していく例。

* stepwise：メロディが規則的に1全音、または半音で動いていくこと

4.　フレーズの終わりに、毎回同じ音を使わない。同じ音をくり返して使うと、フレーズが行き詰まっている印象を与えてしまう。8小節のフレーズ内でクエスチョン＆アンサーのようなやりとりをすると、メロディ全体が音楽的な会話をしているようになる。以下の例では、解決する8小節目までサウンドは完結していない。

5.　新しいフレーズの提示と、それまでのフレーズのくり返しをバランスよく用いる。もし、すべてのフレーズを新しいマテリアルにしてしまうと、各フレーズの間には関連性がなくなってしまう。リスナーは無意識の内にフレーズの行き先を予想しているが、予想通りだと退屈してしまい、逆にあまりに予想がつかないと理解できずに戸惑ってしまう。

6.　さまざまな長さのフレーズを創ると、リスナーの音楽的興味が持続する。通常フレーズの長さはアイディアそのものによって決まるが、例えば、ソロの最初で短くメロディックなフレーズを使えば、そこからフレーズを発展させることができる。

7.　よりメロディを強く意識してプレイする。しばしば出したい音をいくつか出していないのではと思えるくらいシンプルなメロディを心がける。フェイク・ブックなどを使って毎日メロディを演奏し、それから曲を覚え、楽譜を閉じても耳だけを頼りに演奏できるようにする。あまり知らない曲に関してはまず楽譜どおりに演奏し、その後、新しいメロディに慣れてきたら、**アイディア 32　メロディの装飾** (p.70) のテクニックを使って、その曲に自分ならではの解釈を加える。

　　ヴォーカリストと一緒に演奏することは、メロディのセンスを発展させるのに役立つ。自分の好きなスタンダード曲のヴォーカル・バージョンを聴き、シンガーのすべてのニュアンスなどを1音1音学ぶ。次に、その1音1音を完璧に楽器で再現する。

8.　どの音から始めて、どのようにメロディック・フレーズを発展させていけばよいのかを考える。シンプルなアイディアやモチーフから始め、それを発展させる。完全に同じメロディをくり返してもよい。

これより高いピッチに移調しましょう。

低いピッチに移調しましょう。

いくつかのインターヴァルを変えてみましょう。

シークエンス（くり返しパターン）を使います。オリジナルのモチーフを基にピッチ（音の高さ）を変えますが、モチーフ間のインターヴァルは同じものにします。このテクニックを適切に使うと、メロディの繋がりやバランスがよくなります。

アイディア32 メロディの装飾

以下の A は、フェイク・ブックやリード・シートに見られる典型的なメロディ（およびコード）の書き方です。譜面の読みやすさに重点を置いた基本的な曲のスケッチで、すべてのレベルのミュージシャンに適応するシンプルなリズムで書かれています。これを基に演奏する場合、各プレイヤーが自由にメロディを装飾します。

以下はメロディを装飾するためのいくつかの手法です。

アンティシペーション（*Ant.*）：メロディの音を半拍先行する

ディレイド・アタック（*D.A.*）：メロディのアタック（音の出だし）を半拍遅らせる

オーグメンテーション（*Aug.*）：メロディにいくつかのピッチを追加して拡張する

ディミニューション（*Dim.*）：メロディからいくつかの音を減らして短くする

コーラス2と3（ B と C ）では、上記のテクニックを使ってコーラス1（ A ）のメロディを装飾しています。 B と C のメロディの下には、各テクニックを表記しています。CD Track 14 に合わせて、楽譜の通りに演奏しましょう。それから、自分自身が装飾したメロディを Track 14 の左チャンネルの伴奏と一緒に演奏しましょう。

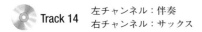

Track 14　左チャンネル：伴奏
　　　　　右チャンネル：サックス

アイディア33 コードの輪郭をもつライン

以下のエクササイズは、コード・チェンジの上でリニア（スケールワイズ）なメロディ・ラインを発展させるためのものです。各エクササイズではミクソリディアン・モードを使っています。**a** はサイクル・オブ 5th で下行するコード・プログレッションで、一巡すると 12 キーすべてが出てきます。サイクル・オブ 5th は、多くのジャズ・チューンに使用されている重要なプログレッションです。各スケールは、1 ステップずつ 8 分音符のリズムで動いているところに着目しましょう。コードが切り替わる部分では、新たなコードにフィットするラインへ半音か全音で進行します。ここで重要なことは、これらのラインは、コード・サウンドの輪郭をもちながらもリニアであるということです。そのためには楽器のレンジ全体を通して、スケールがローラー・コースターのように上がったり下がったりする必要があります。コード・チェンジの上でもスムーズに演奏できるテンポで練習しましょう。

b と **c** はドミナント・コードが全音インターヴァルで下行、**d** は半音インターヴァルで上行、**e** は半音インターヴァルで下行するプログレッションです。これらのエクササイズがスムーズにできるようになったら、ドミナント以外のコードも試しましょう。常に先を読み、先を聴き、ラインがコードの上をスムーズに流れるように心がけます。

 Track 15 ピアノ伴奏のみ

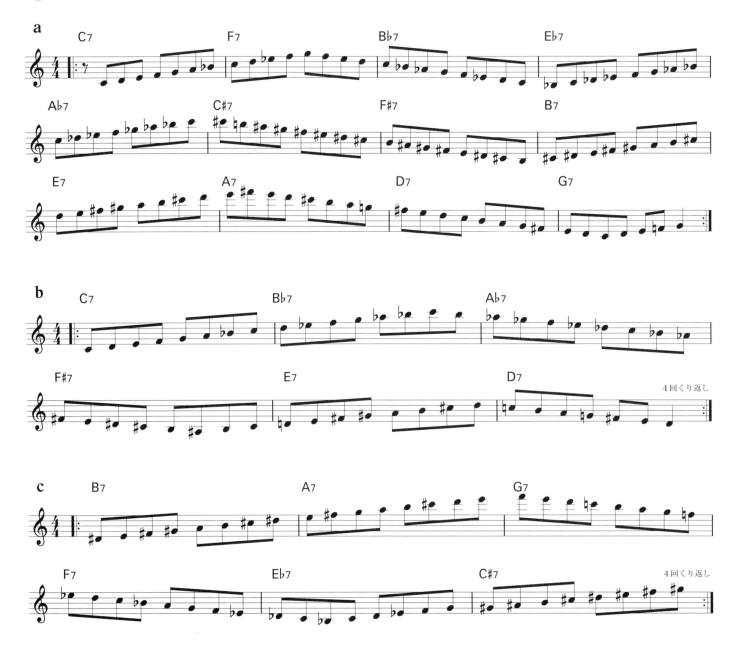

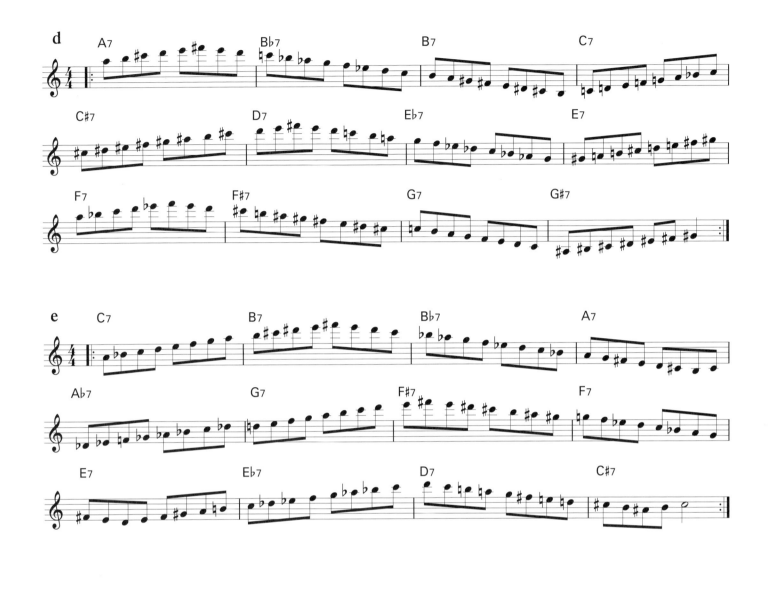

ドリアン・モードでも同様のエクササイズができます。

ドリアン

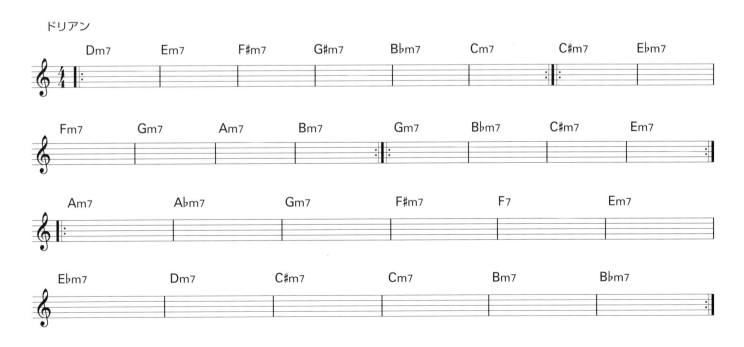

アイディア 34　ブルース・スケール

ブルース・スケールは 6 音からなるスケールで、ルート - ♭3 - 4 - ♭5 - 5 - ♭7 というスケール・ノートで構成されています。♭3 と ♭5 の音によって特徴的なブルージーなサウンドが生まれます。12 小節のブルース・プログレッションをこのスケール 1 つだけで演奏できることが大きな特色です。

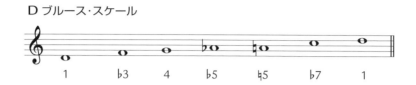

以下はメジャー 3rd の音を組み合わせた**ハイブリッド・ブルース・スケール**です。このメジャー 3rd はマイナー 3rdに代わるものではなく、1 つのスケール内で同時に使います。ブルージーなサウンドを創りたい場合は、メジャー3rd よりもマイナー 3rd の音を優先的に使いましょう。

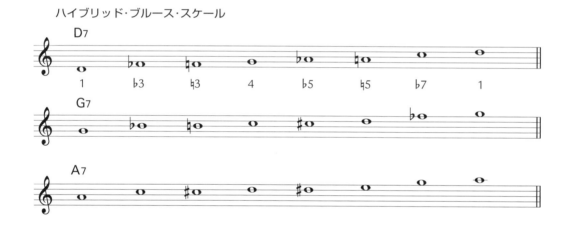

次のエクササイズは、CD の左チャンネルに収録された伴奏に合わせて行います。ヘッドを 1 回 (12 小節、リピートなし)、ブルース・スケールを使ってインプロヴァイズしたソロを 1 回演奏します。何回か演奏して慣れてきたら、ハイブリッド・ブルース・スケールを使いましょう。ブルースはフィーリングが重要なので、インフレクション (抑揚) をつけるようにします。

Track 16　　左チャンネル：伴奏
　　　　　　　右チャンネル：サックス

アイディア35　ブルース・ガイドトーン・ライン

ガイドトーン・ラインとは、コードの 3rd と 7th の音をプログレッションを通して繋げたもので、各コード・チェンジで半音か全音ずつ動いていきます（コードの 3rd と 7th は、そのコードを特定するためにもっとも重要な音）。CD Track 16 のブルース・プログレッションに収録されている、2コーラス目と3コーラス目の演奏がガイドトーン・ラインです。模範演奏を聴いたら CD を止めて、このガイドトーン・ラインを練習しましょう。最初はトップ・ライン（上声部）、次にボトム・ライン（下声部）を練習します。各コードのガイドトーンを使うことによって、単音のラインを演奏しているのにブルース・プログレッションを感じることができるでしょう。

次のソロを見てみましょう。基本的には各コードの 3rd から始まるフレーズです。CD Track 16 の左チャンネル（リズム・セクションのみ）と一緒に以下のソロを練習し、それからオリジナルのソロを創りましょう。必要ならば最初は楽譜に書いてもかまいませんが、最終的には楽譜を見なくても演奏できるようにしましょう。その後、各コードの 7th から始まるフレーズを使って、ソロを創りましょう。

次のソロは 2 つのガイドトーン・ラインを組み合わせたもので、フレーズは各コードの 3rd、または 7th から始まっ
ています。同じように、CD Track 15 の左チャンネルに収録されている伴奏と一緒に演奏してみましょう。

アイディア36　ブルース・スケールを使ったメロディ

このエクササイズでは、D ブルース・スケールの6音を使ってブルースらしいメロディを創ります。パルスはないので、自分の好きなタイムで演奏しましょう。シンプルにスケール・ノートの組み合わせをくり返しながら、ブルージーなメロディを創ります。アクティブ・トーン（解決したがっているように感じる音）とレスト・トーン（フレーズの最後にくる音）を意識して何回か練習します。自分のソロが完成したらその演奏を録音して、CD Track 17 に収録されているサックスの演奏と聴き比べてみましょう。

Track 17　サックスのみ

アイディア37　ソロを組み立てる

すばらしいソロには必ず、「導入部で始まる → クライマックスに向かって盛り上がる → 結末に向かって収束していく」というストーリーがあります。CD Track 18 の5コーラス（ A ～ E ）のブルース・ソロは、その流れを具体的に表しています。ソロは、まず楽器の中低音域を使って、リラックスした感じで始まります。小さめのヴォリュームと短いフレーズから始めることで、その後に盛り上げるための余裕が生まれます。コーラスごとに音数が増えてハーモニーも複雑になっていき、高音域も頻繁に使われるようになります。そして、最終コーラス（ E ）の1～2小節目でクライマックスに達します。

使う音は、主にコード・トーンから始まり、メジャー・トーナリティを明確にしています。ソロが進行するにつれて♭3rd や♭5th などのブルー・ノートを使うようになり、フレーズは長くなり、リスナーを引き込んでいきます。ソロがクライマックスに達した後は、いくつかの効果的なコード・サブスティテューションを経て結末へと向かいます。

ソロの演奏を始める前に、何コーラスのソロをとるかを考えておくことが重要です。あらかじめ何コーラス演奏するのかを決めておけば、自分でソロのペース配分ができます。ソロのオープニングでは、常に明確な意思を提示しましょう。それは自分のソロにおける土台であり、そこからソロを組み立てる際の基礎となります。

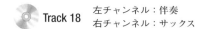

Track 18　　左チャンネル：伴奏
　　　　　　右チャンネル：サックス

アイディア **38**

プログレッションの中での
コード・アルペジオ

新しい曲を覚えるときには、最初に曲を通してコード・アルペジオを演奏するのが効果的です。この方法によって、曲のハーモニー構造（ハーモニック・ストラクチャー）に慣れることや、コードがどのようになっているのかを聴くことができます。

次の手順で、1曲を通してゆっくりとしたテンポでコード・アルペジオを演奏しましょう。

  a ルート・ポジション

  b ヴォイス・リーディング（次のコードのもっとも近いコード・トーンに解決する）

  c リヴァース・ムーヴメント（アップ＆ダウンではなく、ダウン＆アップ）

  d V‐I プログレッションにおける各ドミナント・コードに♭9 の音を使う

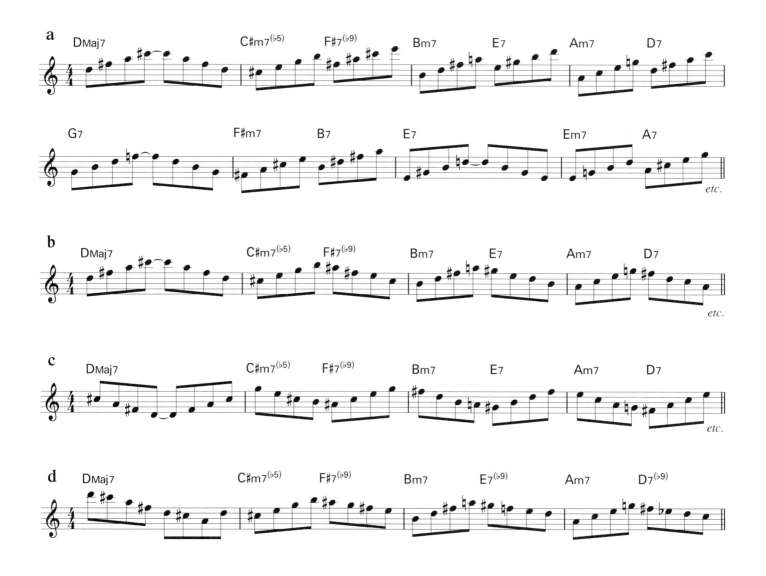

好きな曲を選び、同様に練習しましょう。必要であればコード・アルペジオを楽譜に書き出してもよいでしょう。

次のエチュードは、曲全体でコード・トーンに基づいた演奏をしています。2コーラス目（A' 〜 B'）では、可能なドミナント・コードのみに♭9 と♯9 の音を使っています。このエチュードを CD Track 19 に合わせて練習し、それから自分のアルペジオを使ったソロを創り、左チャンネルの伴奏と一緒に演奏してみます。このコード・プログレッションに慣れてきたら、ソロをインプロヴァイズする練習もしましょう。

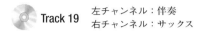

Track 19　　左チャンネル：伴奏
　　　　　　右チャンネル：サックス

アイディア**39** # コード・スケール

コード・スケール・アプローチとは、各コードに対応したスケールを使う演奏のことです。コード・スケールはコード・トーンだけではなくテンションも含むため、よりカラフルなサウンドのメロディ・ラインを創ることができます。また、新しい曲を覚える際にもコード・スケールは有効です。

次の例は、コード・プログレッションとそれに対応するコード・スケールを示したものです。メジャー・スケール、ドリアン・モード、ミクソリディアン・モードを使っています。コードに対してノンコード・トーン（スケール・ノートのうち、コード・トーン以外の音）がどのようにフィットするのかを聴きましょう。

次のコード・スケールのエチュードを演奏してみましょう。CD Track 20 と一緒に練習するときには、サックスが収録されている右チャンネルを絞っても絞らなくてもかまいません。2コーラス目（ C 〜 D ）ではいくつかのドミナント7th コードに対してオルタード・テンションの指定があり、より強いテンションとカラーを与えています。これらの代理機能をアナライズ（分析）し、サウンドから好きな音を1つ選んでおきます。アナライズすることによって、選んだ音を自分のソロに組み込むことができるようになります。自分のソロを創る場合、最初は楽譜に書き出して練習しましょう。

フレージングやソロ全体の流れを向上させるために、意識してアップ・ビートからフレーズを始めることが効果的です。ラインが次のコードへと美しく流れるように練習して、方向性がはっきりした、メカニカルになりすぎないライン・シェイプとなるように心がけましょう。楽譜に書き出したソロがスムーズに演奏できるようになったら、このテクニックを使ってソロをインプロヴァイズしましょう。

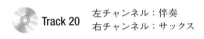

Track 20　左チャンネル：伴奏
　　　　　右チャンネル：サックス

アイディア 40 ホリゾンタル・アプローチと ヴァーティカル・アプローチ

さまざまなコードの動きにうまく対応する方法として、**ホリゾンタル**（水平的な）アプローチと**ヴァーティカル**（垂直的な）アプローチという基本的な２つの方法があります。ホリゾンタル・アプローチでは、リニアでスケールワイズな演奏になるという特徴があり、*Lester Young* や *Dexter Gordon* が代表的なプレイヤーです。ヴァーティカル・アプローチは、各コードのアルペジオに基づいてインプロヴァイズするもので、代表的なプレイヤーは、*Coleman Hawkins* や *Sonny Rollins* です。また、この２つのアプローチを組み合わせて使っているすばらしいソロもあります。

次の G ブルースの例題曲では、両方のアプローチを使っています。最初の２コーラス（A と B）はホリゾンタル・アプローチで、３・４コーラス（C と D）はヴァーティカル・アプローチの演奏です。

Track 21　左チャンネル：伴奏
　　　　　右チャンネル：サックス

アイディア 41　音楽的なパターンを創る

いかにも練習曲という感じにならない音楽的なシークエンス・パターンを創るには、どうしたらよいでしょうか？ 1つのアイディアとして、軽快なリズミック・フィールで特定の音をくり返すという方法があります。次の2コーラス（ A と B ）の例では、この方法によってパターンに躍動感が生まれ、フレッシュなサウンドになる様子が示されています。

 Track 22　　左チャンネル：伴奏
　　　　　　　　　　右チャンネル：サックス

アイディア42　限られたレンジでのソロ

レンジ（音域）を制限したソロを演奏する場合、音の選択には、通常よりも一層の注意が必要となります。レンジに制限があると、コードからコードへと動く一般的な解決ができないこともあるので、コード・プログレッションを通して演奏するためには新しい方法を探す必要があります。このエクササイズは、聴力を向上させるためのイヤー・トレーニングとして、さらにコード・プログレッションのインサイドで演奏できるようにするために役立ちます。次のコードへ進む前に先のサウンドを聴き、予測しながら練習しましょう。

以下のソロは3コーラスの長さです。最初の2コーラスはレンジが6度以内に限定されており、1コーラス目（Ａ）のB♭音〜G音、2コーラス目（Ｂ）はG♯音〜F音となっています。そして最終コーラス（Ｃ）では、F♯音〜D音の短6度インターヴァル以内にレンジを縮小しています。CD Track 23 に合わせてこのソロを何回か練習した後、右チャンネルのサックスの音を絞って、限られたレンジ（6度以内）でインプロヴァイズする練習をしましょう。コード・プログレッションに慣れてきたら、レンジを5度か4度以内に縮小します。レンジの縮小を常に練習しておくと、レンジの限定とは反対に、アイディアはより発展するでしょう。

 Track 23　左チャンネル：伴奏
　　　　　　　右チャンネル：サックス

アイディア43　リズム・チェンジ

1940年代まで、ジャズのレパートリーは、その時代のポピュラー・ソングやブルース・ナンバーを基にしたものでした。ビバップ時代になると、ジャズ・ミュージシャンは新しいメロディを創り始め、既存のスタンダードにもコード・サブスティテューションを使い始めたのです。そして *George and Ira Gershwin* の *I Got Rhythm* という曲を基に、同じコード・プログレッションの曲が数えきれないほど創られたのです。それらの曲を総称して**リズム・チェンジ**と呼ぶようになりました。代表曲に *Moose the Mooche*（*Charlie Parker*）、*Lester Leaps In*（*Lester Young*）、*Oleo*（*Sonny Rollins*）、*Rhythm-a-ning*（*Thelonious Monk*）などがあります。多くの曲に使われているこのコード・プログレッションは非常に重要なので、覚えておく必要があります。

I Got Rhythm はＡＡＢＡ形式の32小節（8小節×4）という構成で、最初の16小節はトニック・キーを基にしたプログレッションになっています。17小節目からのブリッジでは長3度上に転調し、サイクル・オブ 5th を反時計回りで下行（E_7 – A_7 – D_7 – G_7）しながら元のキーに戻ってきます。

以下のソロでは、最初の2コーラス（Ａ～Ｂ）は通常のリズム・チェンジを基にしています。その次の2コーラス（Ｃ～Ｄ）では、さまざまなコード・サブスティテューションを使って、よりモダンなアプローチになっています。ソロの後半の2コーラス（Ｃ～Ｄ）を前半の2コーラス（Ａ～Ｂ）のCD（左チャンネルのリズム・セクション）に合わせてみましょう。あるコード・プログレッション上で、代理サウンドを使った別のコード・プログレッションを使用すると、場合によっては非常にテンション感の強いサウンドとなります。

 Track 24　　左チャンネル：伴奏
　　　　　　　　　　　右チャンネル：サックス

アイディア44　キー・センターでプレイする

本書のほとんどの部分は、**すべてのコード・チェンジ**に対してインサイドとアウトサイドの両方で演奏ができるようになることに焦点をあてています。ここではまず、以下のコード・プログレッションをアナライズしてみます。最初の4小節は、すべてのコードがGメジャー・キーからきていることがわかります。次の4小節は、Gメジャーの平行短調であるEマイナー・キーのダイアトニック・コードです。実際に、最初の16小節に出てくるコードのうちB7コード以外は、Gメジャー・スケールを使うことができます。B7コードの3rd（D♯音）だけがGメジャー・スケールとフィットしないため、D♯音を避ければ、B7コードの他のコード・トーン（B、F♯、A音）もCメジャー・スケールの構成音です。27～28小節はCMaj7コードへと続く連続したパッシング・コードです。使う音を注意深く選択すれば、このパッシング・コードのセクションもGメジャー・スケールだけで演奏することができます（2コーラス目の59～60小節のパッシング・コードは、1コーラス目とは少しリズムが異なっている）。

この曲のキーはEマイナーにもかかわらず、ここでの2コーラスのソロは、平行長調であるGメジャーで演奏しています。曲中でGメジャーを常に意識することによって、リニアなフレーズが創りやすくなるだけでなく、いくつかのコードに対しては効果的なテンション・ノートも演奏できます。

インプロヴァイズする場合、必要以上に理論的になったり、すべてのコードにかっこいいサウンドのスケールを使おうとしてしまいがちですが、各コードを個別に見るのではなく、大きな絵を見るように、音楽全体を常に意識しましょう。もっともシンプルなアプローチは、しばしばもっともよい結果に繋がります。

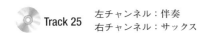Track 25　左チャンネル：伴奏
　　　　　　　　　右チャンネル：サックス

アイディア45　ワン・コード・ヴァンプ

複雑なプログレッションの曲でソロをとることは難しいかもしれませんが、1つのコード上で優れたソロをとることも難しいチャレンジです。まず最初に、ソロの長さを明確にするためのプランを決めましょう。ソロのオープニングでは、全体の構成を明確にすると同時に、そこからソロを創り上げていくための素材として、簡単に何回もくり返すことができる短いフレーズやモチーフを用います。ソロが発展していく段階では、変化を創り出すためにモードやスケールを用いたり、他のトーナル・センター（他のキー）を使います。その場合、元のコードやスケールから全音、半音、短3度、長3度、トライトーン離れたコードやスケールなどがもっとも効果的でしょう。

以下の例は、Amヴァンプ上でいくつかのアイディアを用いた例です。**a** は Am と Cm、**b** は Am と F7 をそれぞれ使っています。**c** は Am と E♭7、**d** は Am と B♭m、**e** は Am からマイナー・コードを半音上行し Cm まで使っています。

Track 26　伴奏のみ

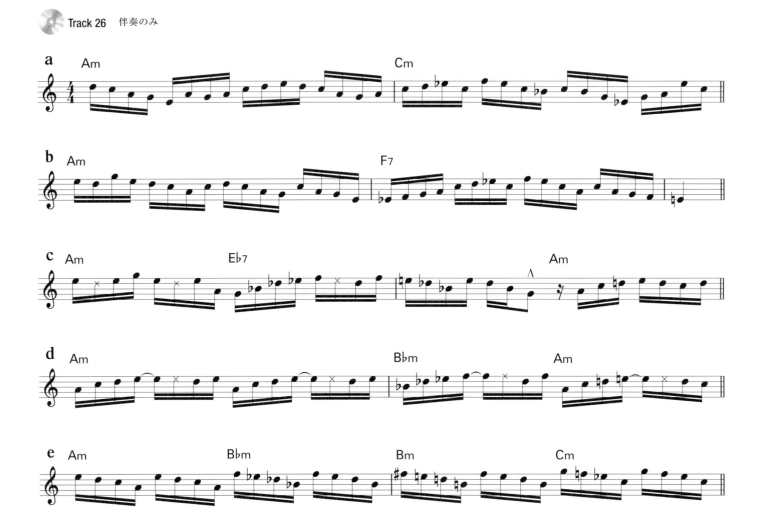

CD Track 26 に合わせてワン・コード・ヴァンプを練習しましょう。A マイナー・ペンタトニック・スケールから始めて、トニック・サウンドを明確にします。しっかりとしたリズムで演奏することに集中して、上のスケールかコードのどれか1つを使ってみます。新しいキーで演奏する場合は短いフレーズで始め、すぐに元のキーに戻ります。新しいキーのサウンドに慣れてきたらフレーズを少しずつ長くして、元のキーに戻る前にいくつか別のキーも試してみましょう。その他に、ワン・コード・ソロに緊張感や盛り上がりを与えるためのテクニックとしては、シークエンスの使用があります。**e** に見られるように、まず1つのキーでフレーズ・パターンを演奏し、そのパターンを半音か全音上あるいは下に移調します。

アイディア 46　　ネイバー・トーン

ジャズ・ミュージシャンはテンション＆リリース（緊張と解決）を創り出すために、しばしばフレーズにネイバー・トーン（隣接音）を用います。以下のエクササイズを 12 キーすべてで、さまざまなアーティキュレーションを使って練習しましょう。

アイディア47　アプローチ・ノート

ジャズ・ミュージシャンがソロ・フレーズに半音（コード・トーンやスケール・ノート以外の音も含む）を加えるために
よく用いるのが、**アプローチ・ノート**（コード・トーンに半音上か下からアプローチする音）です。以下のエチュード
では、まず単音の**ハーフ・ステップ・アプローチ**、次にそれを発展させた**ダブル・クロマティック・アプローチ**（2つ
の音を使うが、1つは半音上から、もう1つは半音下からターゲット・ノートへアプローチする方法）を使用します。
さらに、エチュード全体を通してアプローチ・ノートのアイディアを発展して、各ターゲット・ノートまでのインター
ヴァルがクロマティックから4度離れたものも出てきます。フレージングが上達するためにメトロノームに合わせ
て練習し、指定されているすべてのアーティキュレーションも参考にしましょう。

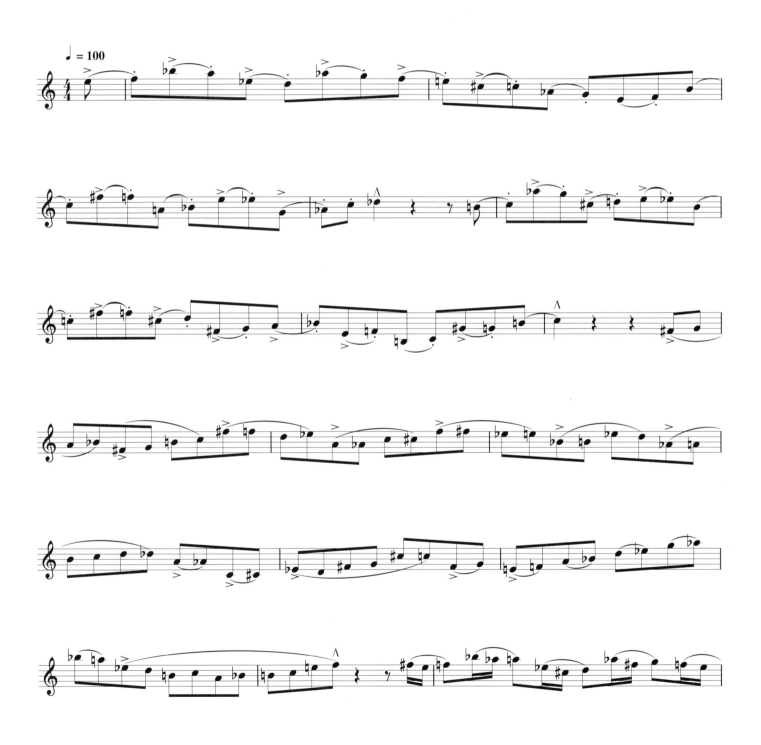

アイディア **48**　　モチーフの発展

ソロを発展させるために、１つの短いモチーフを徐々に発展させていくという方法があります。たとえば、ベーシックなメジャー・パターン(メジャーとドミナント・コードに対しては 1-2-3-5、マイナー・コードに対しては 3-4-5-7)を基に、変化させることで何種類の新しいパターンが創れるかを試しましょう。*John Coltrane* が *Giant Steps* という曲で演奏しているソロは、この手法を使用している好例です。

a は、上行形のメジャー・パターン・モチーフを、コード・プログレッションの上で使っています。**b** は同じコード・プログレッション上で下行形のモチーフ(5-3-2-1)を使っています。**c** と **d** はモチーフの方向を交互に(**c** は上行／下行、**d** は下行／上行)し、**e** はこれらのアプローチすべてを組み合わせたものです。このように発展させると、インプロヴァイズするラインの個性が出てきます。

f は **a** と同様の上行パターンですが、基本モチーフが新しいパターン(マイナーとドミナント・コードに対しては 5-6-7-9、メジャー・コードに対しては 6-7-1-3)になっています。**g** は **b** と同様の下行パターンですが、やはり新しいパターンを使っています。**h**～**j** はすべてのパターンを組み合わせ、同じコード・プログレッション上で使ったものです。このように、4音からなるモチーフを１つ使うだけでも、発展するソロ・フレーズの可能性は無限に広がります。

a

b

c

d

アイディア49　フレキシブルなアンブシュア

サックスでよいサウンドを出すためには、リードを自在に振動できる状態にすることが重要です。リガチャーをセットするときには、ネジを強く締めすぎてリードの振動を邪魔しないように注意しましょう。ネジが２つ付いているリガチャーの場合は、自分から見て奥のネジをしっかりと締め、手前のネジは緩まない程度にします。ネジが１つのリガチャーならば、リードとリガチャーの位置に気をつけて締めるだけです。唇に関しては、マウスピースを輪ゴムで縛るようなイメージで、すべての方向から均等な圧力がかかるようにしましょう。下唇は、下の歯を覆うクッションの役割をします。マウスピースとリードを下唇に乗せただけの状態がちょうどよいクッション効果をもたらすので、必要以上に強く噛まないようにしましょう。定説とは少し異なりますが、下唇を巻き込まないようにするのもよいでしょう。もし唇が大きく巻き込みすぎていると、リードの振動は損なわれ、サウンドは精彩を欠き、イントネーションをつけることも難しいはずです。上の歯もマウスピースに軽く乗っているだけの状態にします。力んでいるとフレキシブルなコントロールがつけられません。唇の両端はほんの少しだけ引くような形にしましょう。

以下はアンブシュアに必要な筋力を鍛えるためのエクササイズです。

1. 笑顔を作るときの筋肉を使って口を極端に前後動させる。
   tuu-ee, tuu-ee（トゥーイィー、トゥーイィー）という声を出す要領でくり返す。

2. 舌を eel（イィー）というときの位置に置き、そのまま口の両端で噛む動きをする。
   口の両端がやや疲れてきたと感じるまで続ける。

よく響く音はたくさんの倍音を含んでいます。以下は、偉大なサックスの指導者である *Joe Allard* から教わった倍音のエクササイズです。サックスのような管楽器は、低音のフィンガリングにおいて多くの倍音を出すことができます。このエクササイズによって、楽器の鳴らし方とアンブシュアの *フレキシビリティが向上し、喉頭や口腔内の開き具合も修正できるため、よりオープンでよく響くサウンドになるでしょう。低音のフィンガリング（楽譜の下の黒玉の音）でゆっくりと吹きますが、実際に出す音はトップ・ライン（楽譜の上の音）の方を出します。低い倍音は aaah（アァー）というサウンドで、高い倍音に行くに従って eee（イィー）という感じになります。このエクササイズは、倍音だけではなくホーンのボトムからトップまでの音質を向上させ、サウンドに芯と厚みをもたらします。あまり大きい音で吹きすぎると、サウンドにとっての生命線である音の芯を壊してしまうので注意しましょう。

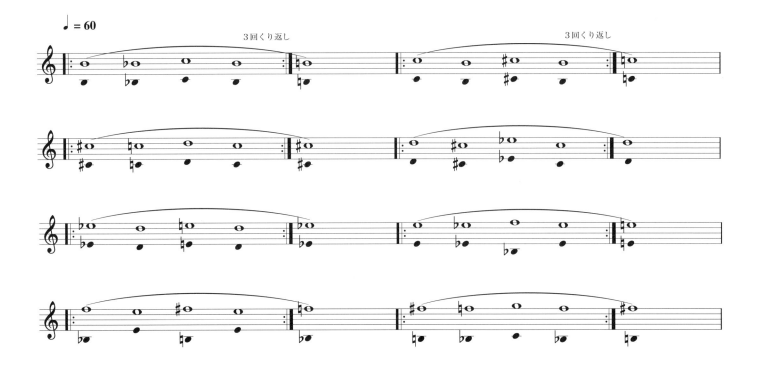

* flexibility：１つのアンブシュアでさまざまなテクニックに幅広く対応できる能力。各テクニックに応じてアンブシュアを変化させるという意味ではない

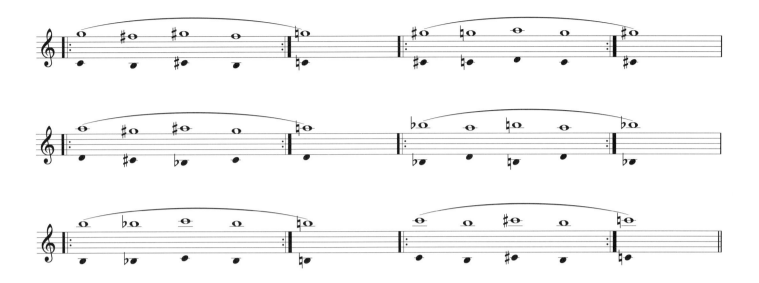

以下のエクササイズは、広いインターヴァルをスラーで繋げることにより、アンブシュアのフレキシビリティ（柔軟性）を確認するのに有効です。演奏する間はあごを少し下げ、のどを開きます。

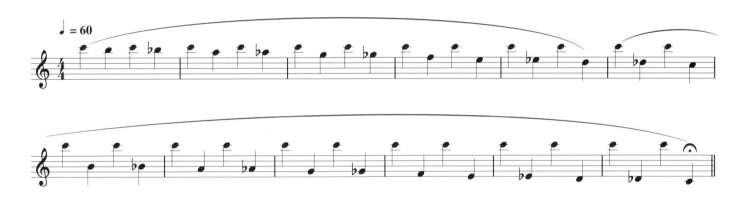

このエクササイズでは、サブトーンからレギュラー・トーン（クリア・トーン）へと移行します。各音はささやくように始め、それからクレッシェンドして、またささやくようなヴォリュームにしていきます。サブトーンを出すためにはあごを少し下げ、下唇をやや緩める必要があります。歯やあごの力ではなく下唇の筋力でリードを支えましょう。下唇の巻き込みを減らせば、さらにフレキシブルな奏法が可能です。サブトーンからレギュラー・トーンへ移行するためには、唇はフレキシブルな状態から少しずつ下唇を巻き込んでいきます。少し練習すればできるようになるでしょう。これはアンブシュアに必要な筋力を鍛えるだけでなく、実際に演奏で使うことができるサックスの音を増やすことにもなります。

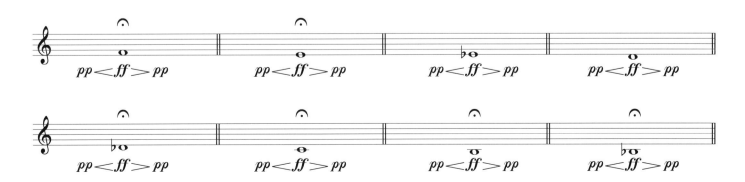

アイディア50 自分のヴォイスを見つける

映画「Round Midnight」で主人公を演じた偉大なサックス奏者 *Dexter Gordon* は、「大きな木からさまざまなものをもぎ取ってくる必要はまったくない。ある日、その木はあなたの内面で自然に育っているだろう」と語っています。その木をどうやって見つけたらよいでしょうか？ 私たちは音楽界のヒーローから少しずつ何かを盗み、すべての影響をブレンドして自分のスタイルを創ります。ある特定のサックス奏者から音色に関して影響を受けたり、他のプレイヤーから音楽的なアイディアを得るのはごく自然なことです。

楽器の歴史を知ることや過去から現在にかけての偉大なプレイヤーをすべて聴くことも、自分のサウンドを見つけるのに役立ちます。*Stan Getz* は明らかに *Lester Young* の影響を受けていますが、それでも *Stan Getz* のサウンドは *Lester Young* とは違う独自のヴォイスです。サックスに限らず、さまざまなプレイヤーのソロをトランスクライブすることは、とてもよい練習になります。そしてすべてのニュアンスを捉えた上で、自分の演奏にそのアイディアを活かしましょう。

他の有効なエクササイズとして、あるミュージシャンのスタイルで演奏することによってそのエッセンスを解釈するという方法があります。私は普段、誰かのソロを1音1音コピーすることはありませんが、そのミュージシャンのスピリットや、その人独自のキャラクターとして印象に残ったスタイルなどはできるだけ覚えておきます。たとえば、*Sonny Rollins* は豪快なサウンドで激しい演奏をしますが、大きな跳躍が多く、さまざまなリズムのバリエーションを使い分けています。*Lester Young* は軽やかで優しい音色で、ディセプティブ・レゾリューション（意表をつく解決）を伴った長いラインが多く見られます。*Gene Ammons* は厚みのある音でブルースに深く根差した味のある演奏をして、レイド・バックしたフレージングが特徴的です。このように、さまざまなプレイヤーを正確に識別できるようになるまでその特徴を掴むことは、自分のサウンドを創るのに役立つはずです。

音楽的なフレーズに関する幅広い知識をもつことは、自分のスタイルに大きな影響を与えます。そして、クラシック、ラテン、東欧の音楽、ファンク、アヴァンギャルド、ポップスなどさまざまなスタイルの音楽を聴き、独自のサウンドを創るための**ボキャブラリー**を増やしましょう。

初級者
〜
中級者

読譜と演奏力を身につける
ジャズ・アルト・サックス リズム練習＆エチュード CD付

著者：Fred Lipsius（フレッド・リプシアス）
定価：本体 3,000 円 + 税

やさしいリズム練習と本格的エチュードで
ジャズ・ソロの基本をマスター

有名なジャズ・スタンダードやブルースのコード進行に合わせてメロディが書かれ、読譜力とジャズの演奏力を向上させるための CD 付エチュード集です。応用編 1 曲を含む全 24 曲のエチュードは、ジャズで定番のメロディック・リズム・パターンをテーマにしており、ジャズらしいリズムを意識して練習すると、オリジナル・ソロ（アドリブ）が創れるようになります。

各曲は、「エチュード」バージョンと、コードの種類やサウンドを決定する重要な音のみを使って難易度を下げた「エチュードのためのガイドトーンを使ったリズム練習」の 2 種類の楽譜を掲載しています。

初心者
〜
中級者

はじめてのジャズとアドリブ入門　アルト・サックス 2枚組 CD付

著者：Mike Steinel（マイク・スタイネル）
定価：本体 2,000 円 + 税

ジャズ演奏の基本を
ひとりでもグループでも学べる

ジャズは「演奏するのが難しい音楽」だと誤解されがちです。楽譜通りに演奏してもジャズらしく聴こえないのは、特有のリズムや表現があるから。クラシック音楽とは異なる表現方法ですが、身に付けてしまえばジャズはもちろん、ポピュラー音楽全般の可能性も大きく広がります。

- ジャズのリズムやハーモニー、メロディの組み立て方を基本から学ぶ
- 楽譜が各楽器用に移調された楽器別教本シリーズ
- 全楽器共通の 2 枚組付属 CD にはマイナスワンを多数収録
- グループやブラスバンド部での共通教材としても使用可能
- 「聖者の行進」「セントルイス・ブルース」など有名曲で飽きずに楽しく練習できる

初心者
〜
初中級者

正確な奏法と基礎知識を学ぶための
サクソフォン・ワークブック CD付

著者：Trent Kynaston（トレント・キナストン）
定価：本体 3,000 円 + 税

初心者はまずここから
基礎から独学で学べるサックス教本

独学でサックスを始めた初心者に必要な知識、効果的なエクササイズをまとめた 1 冊。サックスは楽器の特性上初心者でも音が出すことができますが、正しいピッチ（音高）で演奏するためには練習が必要です。

本書には、アンブシュア／適切な舌の位置／ブレス／効果的な息の使い方などの奏法のほか、楽器と調整／マウスピース／リガチャー／リードなどの道具に関すること、基本のスケール練習など、サックス演奏の基礎が集約されています。中級者にとっては、自分の奏法をチェックするのに使うとよいでしょう。著者の演奏を収録した CD が付属されており、練習に役立ちます。

ニューヨーク在住アルト・サックス・プレイヤー

ジム・スナイデロ

ジャズ・コンセプション シリーズ

世界中で絶大な支持を獲得した本格的ジャズ・エチュード・シリーズ。日本語版特典として各エチュードごとに「学習のポイント」や「演奏のコツ」など、具体的な解説を掲載。楽譜内にもフレーズの解説が掲載。

付属CDを聴き込み、模範演奏をまねて演奏する／マイナスワン・トラックに合わせて楽譜を見ながら演奏する／自身でオリジナルのソロ・フレーズを創る／楽譜を使って読譜練習をする／CDから採譜してイヤートレーニングをするなど、アイディア次第でさまざまな使用法が可能。

付属CDにはニューヨークの一流ミュージシャンが演奏。
他にはない"本物"のジャズを体験！

ジャズ・コンセプション・シリーズ

入門〜初級レベル	初・中級レベル	中・上級レベル	中・上級レベル
はじめてのジャズ・エチュード **イージー ジャズ・コンセプション**	中級者へのステップアップ **インターミディエイト ジャズ・コンセプション**	本格的ジャズ・エチュードの定番 **ジャズ・コンセプション**	**ブラジリアン＆ アフロ・キューバン ジャズ・コンセプション**
ソロ（アドリブ） アルト・サックス バリトン・サックス テナー・サックス トランペット トロンボーン フルート クラリネット ギター（シングルライン） ヴァイオリン チェロ	ソロ（アドリブ） アルト・サックス テナー・サックス トランペット トロンボーン フルート クラリネット ギター ピアノ	ソロ（アドリブ） アルト／バリトン・サックス テナー／ソプラノ・サックス トランペット テナー＆バス・トロンボーン フルート クラリネット ギター（シングルライン） ピアノ（ソロ編） ベース（ソロ編） スキャット・ヴォーカル	ソロ（アドリブ） アルト／バリトン・サックス テナー／ソプラノ・サックス トランペット トロンボーン フルート ギター ピアノ *クラリネット（直輸入版）
リズム ピアノ・コンピング ベース・ライン ドラムス	リズム ベース・ライン ドラムス	リズム ピアノ・コンピング（伴奏編） ベース・ライン（伴奏編） ドラムス	

初心者
〜
中級者

ソプラノからバリトンまで すべてのサックスに対応

ボブ・ミンツァー サックス・メソッド

著者：Bob Mintzer（ボブ・ミンツァー）

定価：本体 3,500 円 + 税

イエロー・ジャケッツのメンバー、ボブ・ミンツァーが全てのサックス奏者に贈る

ジャズを志すサックス奏者ならば誰もが知っている名プレイヤー、ボブ・ミンツァーは、イエロー・ジャケッツのメンバーや自身のビックバンドのリーダーであり、サックス/ジャズ/アレンジなどの教育者としても熱心に活動していることでも知られています。本書は、長年の教育活動を通して得たボブ・ミンツァーならではの貴重な知見をまとめた、サックス奏者必読の教本です。

簡潔かつ具体的でわかりやすく即戦力になる解説に加えて、ボブが考えるサックス奏者に必要な姿勢/メンタリティなどについてもていねいに記述しており、本書の大きな特長となっています。テナーサックスを含む、すべてのサックスに対応しています。

中級者
〜
上級者

耳を使ってジャズの基本をプレイする

ブルース・エチュード アルト・サックス [B♭] CD付

著者：Fred Lipsius（フレッド・リプシアス）

定価：本体 2,800 円 + 税

ジャズもラテンもファンクもブルースのコード進行で演奏する

ブルースのコード進行に基づくエチュード・シリーズのアルト・サックス編。

全 12 曲のエチュードはスウィング、シャッフル、ジャズ・ワルツ、バラード、ラテン、ファンクと多彩なリズム・スタイルで、コンテンポラリー音楽の基本となるブルース進行を飽きずに楽しく練習することができます。

アルト・サックスに合った音域、ミディアム以下のテンポ、比較的やさしいキー、E♭ 移調譜での記譜など、サックス初級者やジャズ初心者にも使いやすい構成です。エチュードは、基本のメロディをどのように変化させてアドリブするのか、コーラスごとのソロの特徴の違いなど、楽譜と付属 CD を使って学びます。付属 CD には著者であるフレッド・リプシアスほか、バークリー音楽大学の講師陣を中心とする一流ミュージシャンの演奏を収録。

初級者
〜
中級者

ジャズ・インプロヴィゼイションのための必須ツール

ブルース・スケール B♭インストゥルメンツ CD付

著者：Dan Greenblatt（ダン・グリーンブラット）

定価：本体 3,500 円 + 税

ブルース・スケールの基礎知識から多彩な実例まで解説

楽器の基本的な演奏方法（楽譜上の音の読み方/メジャーおよびマイナー・スケール/コード・アルペジオ/ 1 小節内の拍の数え方など）さえ理解できれば、複数のブルース・スケールを使って説得力のあるジャズ・ソロを創る方法を習得できます。ジャズの最も基本的なブルース・ボキャブラリーを学ぶことは、無限の応用力を秘めています。本書では以下ミュージシャンによるブルース・スケールの使用例を解説しています。

レスター・ヤング、 チャーリー・パーカー、 ディジー・ガレスピー、 デクスター・ゴードン、 ホレス・シルヴァー、 キャノンボール・アダレイ、 マイルス・デイヴィス、 デイヴィッド・サンボーン、 マイケル・ブレッカー、 ジャコ・パストリアス など

全楽器対応 ジャズ・インプロ・テクニック・シリーズ《全4巻》

各巻定価 [本体 3,500 円＋税] CD付

Ramon Ricker (ラーモン・リッカー) による本シリーズは、欧米のジャズ・ミュージシャンにも長年にわたり定番となっている「ジャズの教科書」です。全4巻のシリーズはテーマ別に構成されており、音楽レベルと学習テーマに合わせて選ぶことができます。付属のCDには、サド・ジョーンズ/メル・ルイス・ジャズ・オーケストラで活躍した、伝説的なプレイヤーたちによる模範演奏＆プレイアロングが収録されています。"本物のリズム・セクション (true rhythm section)"と呼ばれる豪華メンバーといっしょにインプロヴィゼイションを体験しましょう！

【CD収録メンバー】 ラーモン・リッカー (sax)　ハロルド・ダンコ (piano)　ルーファス・リード (bass)　メル・ルイス (drums) 他

初心者〜中級者

ジャズ・インプロ・テクニック・シリーズ vol.1
ジャズ・ビギナーのためのアドリブ

ジャズ初心者が1音だけを使ってインプロヴィゼイション（アドリブ）することから始めます。アドリブは難しいけれどジャズを演奏してみたい初心者にはとてもわかりやすい内容です。

- ジャズ初心者に必要な基礎知識、ジャズ特有の用語/スタイル/リズム・フィールについて
- 基本的なコード/スケールについて
- メジャー・キーのII-V-I進行について
- コンサート・キー、B♭、E♭、低音楽器用の楽譜を掲載

初級者〜中級者

ジャズ・インプロ・テクニック・シリーズ vol.2
ジャズ・ブルース

ジャズで最も重要とされるブルースのみを取り上げ、ブルース・フォーム（形式）とそのバリエーションを使ってジャズ・ブルースをより深く学びます。

- ブルースにおける代理コードとコード進行の変遷について
- アドリブのための各種スケールと使い方について
- ブルースのコード進行上でアドリブをするための効果的な練習方法について
- コンサート・キー、B♭、E♭、低音楽器用の楽譜を掲載

初級者〜中級者

ジャズ・インプロ・テクニック・シリーズ vol.3
II-V-I進行/スタンダード・チューン/リズム・チェンジ

ジャズにおける定番のコード進行（II-V-I/リズム・チェンジ/スタンダード・チューン）を取り上げ、それぞれのコード・チェンジに沿ったアドリブ・アプローチとバリエーションを学びます。

- マイナー・キーのII-V-I進行について
- パッシング・トーンを伴うスケールを用いたジャズらしいフレージングについて
- ガイド・トーンやベースラインを使ったコード・チェンジに沿ったフレージングについて
- コンサート・キー、B♭、E♭楽器用の楽譜を掲載

中級者〜上級者

ジャズ・インプロ・テクニック・シリーズ vol.4
メロディック・マイナー・スケール

ジャズのアドリブにおいて大きなポイントでもある、メロディック・マイナー・スケールを題材として取り上げ、このスケールの多様な使い方を学びます。

- メロディックマイナー・スケールから生じるモードについて
- さまざまなコード上でメロディック・マイナー・スケールおよび各モードを使いこなす練習
- パッシング・トーンを伴うメロディック・マイナー・スケールおよび各モードについて
- コンサート・キー、B♭、E♭楽器用の楽譜を掲載

＊「ジャズ・インプロ・テクニック・シリーズ」は「ラーモン・リッカー/インプロ・シリーズ」を加筆・修正した改訂版です。基本的な内容やCDトラックなどに変更はありませんのでご注意ください。

翻訳者プロフィール

佐藤 研司（Sato Kenji）

サックス・プレイヤー／コンポーザー／アレンジャー

バークリー音楽大学にてジョー・ヴィオラ、ジョージ・ガゾーンらに師事した後、ジョージ・ラッセルのもとに学び、リディアン・クロマティック・コンセプトの公認講師資格を得る。1998年に帰国以来さまざまなシーンでパフォーマー／音楽講師として活動中。トラディションは大事にするがジャンルを問わない自然派アーティストを目指し、自作楽器での演奏なども行う。また、ATNの海外教則本、DVDなどの翻訳／監修を担当。

ご注文・お問い合わせは

 ホームページ **https://www.atn-inc.jp**

 お電話
10:00〜18:00
（土・日・祝日は除く） **03-6908-3692**

 メール **info@atn-inc.co.jp**

ATN, inc.

アドリブがうまくなる*50*の方法
アルト・サックス

Amazing Phrasing
ALTO SAXOPHONE

3681-1(3)

発 行 日	2005年 9月25日（初 版） 2023年 3月20日（第2版1刷）	
著 者	Dennis Taylor（デニス・テイラー）	
翻 訳	佐藤 研司	
発行・発売	株式会社 エー・ティー・エヌ © 2005, 2023 by ATN,inc.	
住 所	〒161-0033 東京都新宿区下落合 3-12-21 目白エミネンス102 TEL 03-6908-3692　FAX 03-6908-3694	
ホームページ	https://www.atn-inc.jp	